大展好書　好書大展

品嘗好書　冠群可期

大展好書　好書大展

品嘗好書　冠群可期

中華傳統武術 9

八極拳珍傳

王世泉 著

大展出版社有限公司

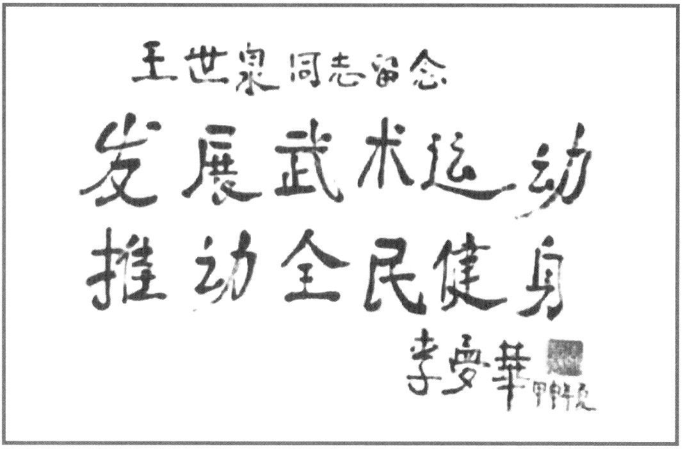

原國家體委主任李夢華題詞

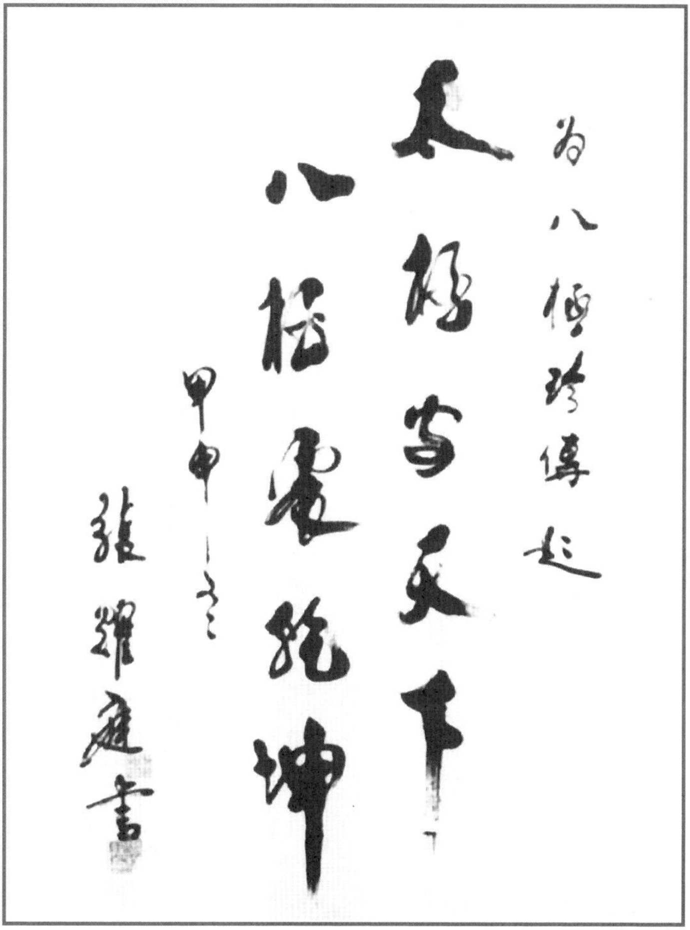

原中國武術研究院院長、中國武術協會主席張耀庭先生題詞

弘揚武術

王世泉同志存

張文广九十岁

二〇〇四年十二月卅一日

贈／王世泉先生大作面世

八桎拳法

流傳有緒

通備馮馬賢達書題

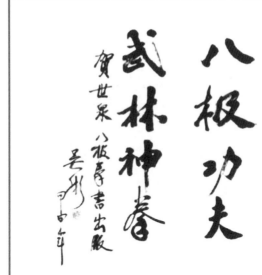

原北京市武術院院長吳彬先生題詞

八板功夫
武林神拳

賀世泉　八板壽書出版
吳彬

祝賀世泉先生八板拳珍傳一書問世。
把民間傳統武術發揚光大。

霍殿閣之孫霍文學敬題

二〇〇四年九月廿二日

霍文學先生題詞

老一輩八極拳大師合影。前排左起：王道生、許家祿、許家福、李萼堂；後排左二起：王金生、霍慶雲、張耀權、齊德昭

師徒合影。前排左起：錢震、鮑有聲老師、劉殿仕；後排左起：陳升、王世泉、趙友

作者（右）與鮑有聲老師（中）、師弟趙友（左）在長城上

與原國家體委主任李夢華先生合影

與吳彬先生、王友唐先生合影

與門惠豐教授合影

與百歲老人袁敬泉先生合影

與曹會章先生（中）、霍文學先生合影

與霍文學先生合影

同部分老拳師合影

同部分武術界人士合影

北京市部分八極拳師合影

同師弟及弟子們一起練功

華園武術培訓中心主
要負責人及學員合影

同師弟趙太安（左）、
趙友（右）合影

與弟子們合影

企業家的武術情

徐　才

　　家，這個含意豐富、分外親切的字，《辭海》裏有十幾個注釋。其中之一是指經營某種行業，或掌握某種專門知識、技能的人。世泉先生就是一位善於經營的企業家，又是一位精研拳劍的武術家。

　　如果把他多年贊助武術事業和其他公益活動算上，也稱得上是位公益活動家了。可是世泉從不把自己看作是什麼家，而是腳踏實地、辛勤刻苦地做他所衷愛的事情。這不，今年他把長期習武授武的經驗與感悟寫成《八極拳珍傳》的書。

　　他說：「我寫八極拳，一是爲了將師父教我的東西保存下來，流傳下去；二是以武會友，與同道武友相互交流，推動武術事業的發展。」在這裏，我爲這本書的出版表示熱烈的祝賀，同時說一說我所感受的世泉愛武、助武的武術情。

　　從上個世紀 60 年代，世泉就萌發了武術之情，從那時起就一發而不可收。雖然練功異常艱苦，但他無論寒暑忙閑都持之以恆。堅持就是勝利。

　　1983 年起，他在不同層次的武術比賽中不斷獲得優異成績，終於在國家段位制考評中被授予「中國武術七段」的殊榮。八極拳是一種短打拳術，全稱叫開門八極拳。

「開門」是指以六大開的技法破對方防守架子的門戶。這個拳套路短小精悍，發勁兇猛有力，是比較剛烈的拳種。

記得上個世紀 80 年代初，我慕名到八極拳的傳播地孟村回族自治縣訪問，那裏的朋友告訴我，改革開放之後來這裏的第一批外國人就是尋根追源八極拳的。足見八極拳確是影響「八方極遠」。世泉以他錘煉了 40 年的真功夫，博得中外武林人士的讚譽。

有一年他到美國與洋武友相聚試手，一發力把對方擊出數公尺之外，使美國友人敬佩不已。如今他主管幾個企業繁忙異常，可是練功卻從未間斷。他說，現在是開上賓士車去樹林練功「照樣出一身臭汗」。作爲企業總管對武術有這麼深的情懷很是不易。

在競爭激烈的現實社會，一個企業的主管既需要多方面的知識與才能，又需要有一副健康的身心，這樣才能帶領職工共同打造良好的企業形象。世泉以身作則堅持習練武術，把優秀的民族文化遺產滲入到企業中去，無疑這是弘揚民族文化、振奮民族精神的好領班。願處於忙碌人生的青壯年企業家，在運籌經濟中也融入些人文精神，用社會主義先進文化創造高大的中國企業形象。

世泉的助武之情也讓人感動不已。1993 年他與朋友創立了武術培訓中心，十幾年來培養了一批武術精英，還接待了多批外國武術團隊，並多次贊助北京武術界人士出國訪問。還有一點使人難忘的是，這些年每逢春節北京市武協舉行的武術界聯歡會，大都是世泉企業鼎力贊助的。我幾乎每次都出席聯歡會，加上平時積累起來的印象，我認爲世泉是個樂善好施的人。這使我想到史書上說的春秋越

國大夫范蠡的故事。

　　范蠡在協助越王勾踐滅吳後北遊齊國改名陶朱公以經商致富。《史記》上說陶朱公富有後，「富好行其德」，把財富「分散與貧交疏昆弟」。我國改革開放以來，從商者愈來愈多，去年中央再次強調要支援民營企業，這給民間企業家開闢了十分寬鬆的創業條件。現在有越來越多的企業家積極贊助社會公益事業，世泉就是其中之一。願廣大企業界人士在奔向全面小康社會的征途上，勿忘努力創造經濟財富之餘，也爲振興中華文化，包括武術文化多做善事，「富好行其德」。

2004年末於北京

吳彬眼中的王世泉
和他的八極拳（代序）

　　中國武術九段、著名教練吳彬是王世泉著書立說的宣導者之一。他說：「世泉是我的摯友，更是八極拳的行家裏手。他的理論與實踐都有許多獨到之處。如今他能『衝破密而不傳的藩籬』，在百忙之餘寫出了這本八極拳專著，爲我國武術的百花園中又增添了一朵奇葩，使我們能看到更加豐富多彩的八極拳。我爲他高興，並向他表示祝賀。」

　　吳彬的這番話是在世泉的新辦公室講的。他的辦公室坐落在朝陽區陽光大廈的 6 層，寬敞的空間儼然像個演武廳，裏面擺放著特大號大槍、佩劍和整裝待發的全套高爾夫器械。最爲引人注目的是世泉的功夫彩照和韓國前總統全斗煥的題辭，赫然懸掛在他辦公桌邊的牆壁上，傳統和現代如此和諧地融會在他身上，散發著時代的氣息。

　　世泉今年 57 歲了。吳彬長他 10 歲。兩個人都想在有生之年，爲傳播中華武術再幹番事業。近年來，隨著武術走向世界腳步的加速，越來越多的外國人到北京來拜師學武。如何適應潮流，在北京建立一個高標準的國際武術培訓中心成爲他倆商討的議題。我的介入，打斷了他們的談話。話題也隨之轉入了兩人的交往和八極拳。

北京是中國武術門派最集中的地方。吳彬參與領導的北京市武協，下屬有幾十個拳種研究會，各拳法之中又有不同的分支，真是豐富多彩，琳琅滿目。近年來，北京武術界學風甚濃，著書立說蔚然成風，僅八極拳就有幾個版本。

　　吳彬的工作使他有機會廣泛涉獵武術門類。他最早接觸八極拳是在北京體育學院武術系學習的時候，聽說什剎海體校有位王金聲老師善長八極拳，在京城頗有名氣。他畢業後恰好分配到什剎海，與王老師一起共事，有機會經常向王老師請教八極拳。他覺得這種拳法是力量型的，很實用。經王老師介紹，他知道西城區還有一位張緒初老師八極拳功夫也很有造詣。當初他以為北京只有這兩支八極拳系列，後來京、津兩地武術界時常走動，吳彬又結識了王老師的師兄弟，天津的李良辰、李劍辰。這些在京津一帶的八極拳頭面人物，個個身懷八極絕技，身手不凡，增進了他對八極拳的瞭解與認識。

　　在全國武術錦標賽上，他有幸而見到了著名武術家陝西馬賢達教授演練的八極拳功夫。其大家的風範，讓吳彬大開眼界，有機會總要向馬老師虛心請教，長了不少見識。還有一次到吉林出差，經世泉介紹，他結識了當地八極拳名家霍文學，與世泉同屬一派，這套拳法特別漂亮，使人耳目一新。吳彬曾多次到過八極拳的發源地——河北滄州，當地的八極拳不僅漂亮，而且人才濟濟。

　　王世泉的八極拳別具一格，用吳彬的話說這套八極拳是「從理論到實踐都比較完整，既有大架、小架、劈掛、對練，又講究八大招、六大開，內容涉及功力、實踐、觀

賞、養生等諸多範疇。這本《八極拳珍傳》師承清晰，忠實地總結前人的經驗，結合自己練拳的實踐，在原有基礎上又有所創新與發展，爲後人學練八極拳提供了一份不可多得的好教材，也爲廣大武術愛好者提供了一套健身寶典」。我以爲這番話極爲準確地涵蓋了世泉這本專著的特色。

吳彬認識王世泉是由曹彥章老師介紹的。曹老師是北京市武術協會的骨幹，在朝陽區推廣武術幾十年。有一次，他告訴吳彬，朝陽區有個王世泉，八極拳很有一套，他有幸得到了恩師鮑有聲先生的眞傳。吳教練求賢若渴，特意「考察」了王世泉的八極拳，結果讓他大吃一驚，北京眞是臥虎藏龍之地。他深有感觸地說，「以前我練過查拳、翻子拳等，後來經常練站椿，學了一些以練功爲主的八極拳的小架。我覺得八極拳確實是中華武術寶庫中的不可多得的佼佼者之一，很值得挖掘、整理與傳播。從這個角度看，世泉新著的問世，是中國八極拳的一大盛事」。

習武要講武德。學武更應學做人。對於世泉的爲人，吳彬相當讚賞。低調、平實、謙遜、善良、慷慨、毅力，這些品格構成了世泉身上的主旋律。北京武術界都很尊重他，世泉也理所當然地成爲京城十分活躍的武術家。

僅以戒煙爲例。在一次會上，談起吸煙有害健康，世泉與其他9位與會者當場宣佈從現在開始戒煙，結果10人中惟獨他一人戒煙成功，從此與吸煙絕緣。十幾年的嗜好就此廢棄，不能不令人欣佩他的毅力。

爲了弘揚中華武術，推廣八極拳，世泉與曹老師聯手創立了華園武術培訓中心。它像一塊晶瑩璀璨的玉石，吸

引了周邊的武術愛好者。多年來，數以百計的公務員、白領、工人、學生紛紛「投身」華園學練中華武術，其中不乏金髮碧眼的洋人。在這塊園地裏，他們默默無聞地耕耘，勤勤懇懇地勞作，澆灌出一朵朵武術的鮮花，培植出一棵棵功夫的幼苗。

世泉工作繁忙，但對練功卻鍥而不捨。每天無論多忙，總要抽出時間練功。他說練功如同吃飯、睡覺，一日不可或缺。對於他的功底，京城武術界偶有領略。每逢新春佳節，世泉總會邀請京城武林同道歡聚一堂，抒懷暢飲，切磋技藝。各家掌門人當場亮出看家本領，博得掌聲一片。作為東道主，世泉也不示弱，時而以八極會友。

有一次表演八極內功，由於身架放低，竟撕破了西褲的內襠，頓時成為京城武壇的一段趣話。

更有趣的是：一次吳彬率北京武術隊赴洛杉磯冬訓，正巧世泉也在美國出差。吳彬邀世泉到美籍華人陳志中的「全美中國武術培訓中心」做客，他向美國學員介紹：「王世泉先生的武術不是光給人看的，而是給人用的，能自衛。」接著他請世泉做八極拳示範表演。平時看慣了競賽套路的洋弟子，從未見過傳統武術的真面目，世泉的一招一式，令他們大吃一驚。為了讓他們信服，吳彬請幾名「老美」圍上來，只見世泉稍一發力，儘管「老美」個個身高馬大，卻無一人能夠近身，更有甚者，還被擊出數米之遠，現場觀眾無不目瞪口呆。世泉餘興未盡，從學員手中拿過一把劍，只一抖，劍斷兩節，如果不是老外手中的劍，他們或許不會相信中國功夫如此神威！陳志中的妻子是位金髮碧眼的老外。她先得為快，當場拜師，向世泉學

了八極拳中的幾個推軟架式子。這位培訓中心的「女寨主」爲多了幾手眞功夫高興得不得了。

還有一次，日本八極拳愛好者來訪，希望能與北京的八極拳交流，沒想到與世泉一搭手，便覺得不是對手，只得甘拜下風。這位日本八極拳發燒友，本是日本空手道雜誌的記者，以前曾多次到滄州、天津考察學習八極拳，自以爲有兩下子，誰知中國武術博大精深，世泉的八極拳讓他明白「天外有天，山外有山，學無止境」的道理。

世泉說：「我寫八極拳，一是爲了將師父教我的東西保存下來，流傳下去；二是以武會友，與同道武友相互交流，推動武術事業的發展。」

吳彬與世泉是一對好友，他倆經常在一起切磋武術。吳彬說：「世泉的八極拳讓人感觸最深的是練拳不練功不行，練拳不懂實戰也不行。而是想拳技長進，首先要有扎實的基本功，否則就是花架子。如果中國人會，外國人也行，與國外搏擊類專案區別不大，顯示不出武術的特點。」

世泉事業有成，武功高超，德藝雙馨。他的《八極拳珍傳》一書在師兄弟們的輔助之下將要問世了。如今，正值人生的收穫季節，吳彬說：「作爲朋友，我衷心地祝世泉在各方面再上新臺階，再創新佳績。」

（吳彬口述，王友唐整理）

作者簡介

　　王世泉，生於 1948 年 1 月。北京東直門外東壩河人。現任中國武術協會委員，中國武術協會經濟委員會委員，北京武術協會副主席，北京武術院副院長，朝陽區武術協會副主席，北京華園武術培訓中心董事長，中國武術7 段。

　　自幼喜歡運動，在學校時曾爲技巧隊隊員。1965 年和錢震、陳升、趙友三人隨大師兄劉殿仕學習八極拳（劉殿仕代鮑有聲老師授徒）。當時學的主要是金鋼八式和一些基本功的操練，後多次到天津雙街村拜訪老師鮑有聲，並得到老師的親自指導。

　　學習的主要內容有：

　　金剛八式、六大開、八極拳、八技小架、大劈掛掌、小劈掛掌、雷拳兩套（龍形、虎形）、太極軟架（易筋經）三套、大架太極一套。

　　對練項目有：八極拳對接、八極對劈掛。

　　主要器械有：大六合刀、小六合刀、萬勝雙刀、六合槍、月霞劍、青萍劍、月霞劍對練、震山棍（行者棒）、雙鉤。另外還有一些操練方法和散手。

　　1983 年 10 月 18 日，在朝陽體育場舉辦的武術比賽中，奪得拳術第一名（八極拳）、器械第一名（八極六合

槍）。

同年 11 月 13 日、14 日在北京市農民武術比賽中，奪得拳術第一名（八極拳）、對練第一名（八極拳對接）、槍術第二名（六合槍），獲得金牌兩塊，銀牌一塊，三項全能第一名。

1984 年 10 月 1 日，在天安門廣場參加 35 年大慶武術表演。

1992 年 10 月 11 日參加北京市傳統武術表演賽，奪得器械第一名（槍）、拳術第二名（八極拳）。

1993 年 7 月 4 日參加北京市傳統武術比賽取得第二名。以後曾多次在全國和北京武術界舉辦的各類活動中進行比賽和表演，均取得好成績和受到好評。

1993 年創辦了華園武術培訓中心。幾年來培訓中心不僅培養了大批武術人才，同時也在全國和北京市舉辦的各類武術比賽中取得優異成績，在普及全民健身的活動中作出了很大貢獻。

培訓中心成立後還單獨接待了來自日本、韓國、美國、台灣等國家和地區的武術代表團，除進行武術交流外，增進了國際友誼，傳播了中國武術博大精深的功夫。

培訓中心成立後，不僅自身得到發展，而且支援中國武術在全世界的推廣和普及，曾多次出資贊助武術代表團出國訪問、比賽和武術界舉辦的各類活動。

作者曾長期從事基層工作，23 歲起連續 18 年擔任農村黨支部書記，連續 4 年擔任鄉鎮農工商總經理，創辦了第一個農民獨資興辦的涉外飯店「華園飯店」。

1994 年以後，先後獨資或合作成立龍凱和物業公司、

北京魁勝新餐飲有限公司、朗格建築裝飾公司、福建武夷山國際花園酒店、天地人三合商貿有限公司等。雖然工作繁忙，但對武術事業卻情有獨鍾。除堅持每天鍛鍊之外，還積極參與北京武術界舉辦的各類武術活動，和北京武術界的各大門派不斷交流，均保持良好的關係和友誼。

作者的觀點是：要想武術發揚光大，必須摒棄門派之爭，「存在就是真理」。各門各派都有它的獨到之處，否則不可能延續至今。所謂正宗、嫡傳，也不必細究，門派好不等於自己練得好，自己練得不好，不等於門派不好。爭強鬥狠不可取，貶低別人更不行，強中更有強中手，能人背後有能人。練武之人應該注重武德，應該謙虛謹慎，戒驕戒躁，應當相互交流取長補短，加強團結，共同努力，才能使中國武術發揚光大，走向世界。

目　錄

第一章

八極拳的歷史淵源及傳承情況

第一節 八極拳的歷史淵源

在我國的文化寶庫中，武術是中華民族的瑰寶，深受廣大人民群眾的喜愛。在眾多的武術拳種中，八極拳以其獨特的風貌、質樸無華的風格而自成一家，經歷代名家不斷發揚光大，經久不衰，是貫通古今的著名拳種之一。

八極拳，早年間也有人稱做「巴子拳」。中國北方「巴」字的發音與「鈀」字相同，而且有時會把「巴」字當做「鈀」的簡化字使用。因此「巴子拳」本來是「鈀子拳」的意思。

早在明朝，著名將領戚繼光就將巴子拳列為名拳之一，但由於「巴子拳」名稱粗俗，後經清康熙年間「神槍」吳鐘將其改為「八極拳」。至於此拳為何以「八極」二字命名，說法較多。

一曰：北方將練武稱為練「把式」或練「八式」的，而取名「八極」是督促門人弟子將武術練到極致。

二曰：在本門「八極」訓練中，非常重視頭、肩、肘、手、腰、胯、膝、足這人體中的八個部位的鍛鍊，甚至要求這種鍛鍊達到極點。

三曰：漢代劉安的《淮南子‧墜形訓》記有「九洲之外有八寅，八寅之外有八弘，八弘之外有八極」，取八方極遠之意，足以表現本門勁道向四面八方爆發推至極遠的特點。

四曰：八技拳，原始於河南嵩山少林寺，為少林寺第四趟看家拳，除了受戒武僧，外人一律不傳。因該拳是將剪、爪、太、八、形、劈、羅、花八種拳中的精華提練組合而成，故名為八技拳。但近代稱八極者居多，且早已為世人所接受。

由於八極拳發源地在河北省東南鄉一帶，這一帶別名稱做「八極窩」。這一帶八極拳名人輩出，歷代傳人刻苦精研八極拳技法，湧現出諸多的武術名家，在武術界影響頗深。

第二節　八極拳的傳承及代表人物

一、吳　鐘

吳鐘，字弘升，清雍正年間著名的八極拳大師。八歲時便以聰明聞名，勇氣出眾，超凡脫群，後受業於明末清初反清復明志士、化名為「癩」的和尚，精於「癩」的槍術。藝成後浪跡江湖，行俠仗義，廣交藝友，並綜合前人成果，經過多年苦修，集各家門派之長，形成自己獨特的風格，開立門戶，獨樹一幟，自成一統，稱為八極拳門。

雍正年間，他隻身三闖少林寺，機關、暗器無一沾身，且一支大槍南七北六十三省，打遍天下無敵手，被譽

為「南京到北京神槍數吳鐘」。

　　他為八極門始祖，生於康熙五十一年，卒於嘉慶七年，享年九十歲。

　　主要傳人：吳鐘傳吳榮（吳鐘之女）、吳永、吳鍾毓為二世；吳永傳吳坤、吳愷、張克明、李大中、楊清元等為三世；張克明傳張景星、黃四海為四世；黃四海傳李書文、王中泉為五世；李書文傳霍殿閣、李鄂堂、周馨武、高錫臣、張芝霖、許家福為六世；許家福傳鮑有聲、吳坤、王紹先、楊同茂為七世；鮑有聲傳王世泉、趙友為八世；王世泉傳張利、張鵬舉為九世。

二、李書文

　　近代八極拳名師李書文，字同臣（1864～1943 年）。河北滄縣南良人。自幼隨黃四海先生學習八極拳技藝，並得三世傳人張克明親傳大槍術，後來又學劈掛拳，並將八極拳與劈掛拳互相融合，取長補短，在我國武術界享有很高的名望。他輕套路，重招式，反對花架子。雖然自身身材短小，貌不驚人，但卻功力奇大，膽識過人，且招重手狠，但逢交手無不勝出。

　　李書文曾在河北、山東、河南及東北各省參加比賽，終其一生無敵手，受教於李先生者更是不可勝數。特別是以當年奉軍將領許蘭洲為首的軍界，如任國棟、張驤伍、郭玉昆、柳虎臣、劉序東等，都非常推崇李先生的技藝，有的親自學習，有的令全族子弟或部下學習。如馬氏三兄弟鳳圖、英圖、昌圖本是學習劈掛掌的，後來修習八極拳。李景林任直隸督辦時，也邀其赴津授將弁。許蘭洲將

軍專門聘請李書文先生到天津許公館，教其四個公子學藝，即長子許家福、次子許家祿、三子許家珍、四子許家祥。同時，李書文還把自己的徒弟霍殿閣、李鄂堂、孟憲宗、李萍興、劉利等帶到許公館一同學藝。

李書文一生練功成癖，寒暑不輟，深得槍法之奧妙，武術界稱為「神槍李」。相傳他練槍時，單手托槍，槍鑽掖在腰間，運槍自如，人莫能敵。在室內玻璃上刺蠅死而玻璃無損。幾尺長的木棒釘進牆中，有力者拔之不出，撼之不動，而他一手運槍一帶而出。裝二百多斤綠豆的麻袋，他用白蠟杆從地上攪起來在空中轉三圈，然後放回地上，面不改色，氣不大出。

李書文 22 歲在天津河北漁場大街設場教徒時，在門前貼出四個字：「以武會友」，並在旗杆上挑著一杆槍，名曰「掛槍」。不久北京「大槍」劉德寬專程到天津訪李，提出比槍。

當時院裏有個大杆子，長一丈四尺，重十五斤，劉說我就使它，而李使六尺長小蠟杆。劉挺槍直刺，李一個劈剁，劉連槍帶人向後轉，李向前連點劉後背三槍。劉槍輸後提出比手。劉上前一個下按掌，李一縮身，猛地一個朝陽手，把劉打出一丈多遠。劉認輸後一定要拜李為師，李推辭不掉，遂收劉為徒。

轉年春，一位四川省武術家殷某，槍術出眾，在四川無敵手。他專程到天津訪李，提出專比槍術。二人搭杆後，李用裏纏把對方的杆擊落。殷不服，二次又比，李用外綻撥開對方之杆，上前點其左臂一槍。殷仍不服，要求三次再比，李說：「再一再二不能再三，如再比我要傷

你。留神你的左眼。」殷不聽，猛進一槍，李用代環槍點將對方之杆開出，隨後進槍點殷左眼，猛一坐腰將殷左眼球帶出。殷用手帕將眼球揉進，隨口稱道：「真不愧為神槍，三年後再來訪你。」李由此得美稱「神槍李」。李為防殷三年後來訪，二次回滄縣向張克明專學槍術，一學兩年多，槍術又有很大提高，但殷一直未再來訪。

李書文的其他傳說很多，如掌擊燕京名師，使其頭入於項中；在張作霖面前比武，打死關東軍的武術總教官；用捧掌失手將師兄擊傷而亡等。

總之一生未遇敵手，從未落敗。惟有一次，在許蘭洲開設的河北省國術館大廳，他和當時一起授拳並任該館副館長的高虎臣的過手讓人大開眼界。一位是八極拳大師，一位是少林寺武術大總監，他們二人互相仰慕，客串了很多功夫，友情極深。當時為了應弟子及學員們的懇請，以及許蘭洲先生的勸說，點到為止，主要是讓學員們開開眼界。二人應允，稍事活動並同時道聲「請」，只見高一個探掌罩在李頭上，李一坐步即出去四五米遠，高跟著一上步，掌仍罩在李頭上，李又一坐步是四五米遠，二十多米長的房間四五次即到頭了。接著李反身一拳直奔高腹部打來，高一坐步，也是四五米遠，接著李又一拳奔高襠部打來，高一坐步又是四五米遠。當時二人身法奇快，虎虎生風，眾弟子目不暇接。

至此許蘭洲叫聲停，雙方住手，氣不長出，面不改色，互相哈哈大笑。眾徒議論紛紛，「真是神速高手，太開眼界了」。許蘭洲也連聲稱讚，「高手」確實是「高手」。當時鮑有聲老師目睹了這一切，印象頗深。

三、霍殿閣

霍殿閣，字秀亭。河北東光縣人。自幼習武，後拜李書文為師，是李書文最得意的大弟子，苦練八極拳及六合大槍術，藝成後隨師行走江湖。

1921 年在津門設場授藝，並在奉系許蘭洲公館做過鏢師，後在直隸督辦李景林部隊當教官，因其功夫精深而名噪津門。1927 年霍殿閣因打敗清宣統皇帝溥儀身邊的日本武士而成了溥儀的武術教師。1932 年隨溥儀到長春，除教授溥儀習武外，還在東北廣收門徒，傳播八極拳。

霍殿閣根據李書文一生和人交手慣用的手法，擇其精華，並結合自己的實戰經驗，創編了實用價值很高的「應手拳」。霍殿閣和其侄霍慶雲在東北地區為八極拳的普及和發展做出了重大的貢獻，有「東北霍氏八極拳」之說。如今霍慶雲之子霍文學秉承家學，文武兼備，造詣甚高，並於 1999 年創編了《霍氏八極拳譜》。

四、許蘭洲

許蘭洲，字芝田。生於 1872 年，卒於 1964 年。河北南宮縣八里莊人。幼年有很好的武功，人稱「賽天霸」。曾任清朝五營統領，畢業於湖南陸軍學堂，先後任陸軍第一師師長兼江省軍務幫辦。1917 年為江省督軍兼代省長，後被張作霖調往西豐任東路剿匪總司令，後又升任奉、吉、黑三省總參謀長。1924 年 9 月第二次直奉戰爭時，任第六軍軍長。1928 年 6 月張作霖退出關外，因與張不睦，辭去軍職留居北京。

他於 1920 年即在天津許公館家中聘請著名武師、「神槍」李書文課子習武。曾任河北省第一任慈善會長兼河北國術館館長，副館長為高虎臣，其長子許家福為教務主任。設館宗旨是「繼承中華武技，強種強國」，以雪「東亞病夫」之恥為目的。前後共辦三期。

1931 年該館由天津遷到北京，館址在中南海內之萬善殿旁東跨院，直至 1937 年「七七事變」，國術館解散。

五、許家福

許家福，字錫伯（1893～1972）。為許蘭洲之長子。7 歲在家請一位老秀才教四書五經，同時跟隨家父習武，當時主要學習少林拳。曾畢業於武漢水師魚雷學校，後又到保定陸軍學校炮兵科深造，曾和傅作義、楚溪春為同期學友。畢業時正值第一次直皖戰爭，許任實習炮兵連長。因不慎，耳鼓膜被震穿孔，因而得名「許大聾子」。

後遵父命，在家專心從師李書文攻習八極拳及六合大槍 8 載有餘，能身著 202 斤重的鐵盔甲打拳使槍。同時還跟高虎臣老師習練內家拳，尤擅太極雷拳。

1928 年河北國術館成立時任教務主任。國術館成立不久，即與高虎臣率徒參加南京國術國考，為河北省拿了第一名，載譽而歸。

1931 年國術館遷北京後，仍與高收徒執教，至「七七事變」，因不願為日寇效力而被迫將國術館解散。當時最著名的徒弟是大弟子鮑有聲、吳玉昆、楊同茂、王紹先，此四人號稱國術館的「四大金剛」。

新中國成立後，從 1950 年起在中山公園塘花塢前義務

授徒，樂此不疲。1957年被聘請到海軍武術隊當教練，張壽先便是其弟子之一。「文革」中，由於其父為奉系軍閥要人，及本人歷史原因被觸動，多次遭受嚴刑拷打。許全身運氣，任由拳打腳踢，卻無法傷其筋骨。但因長期心情憂鬱，於1972年春在東單大蘇洲胡同甲五號女兒許靄蓉家，讓老伴幫自己穿好壽衣，卸下門板，鋪上床單，放好枕頭，把手中極珍貴的三本書（《少林根功一百零八個圖解》《太極雷拳譜》《八極拳譜》）讓老伴當面燒光，然後躺到門板上，卸掉內氣，無疾而終，享年79歲。

六、鮑有聲

鮑有聲，字質文（1911～1995年）。天津北效雙街人，生於1911年5月。鮑有聲老師自幼喜愛武術，8歲時同村裏的武師習練彈腿，為以後的習武打下了一定基礎。15歲時經人介紹到許蘭州家習武。許家收徒極為嚴格，許家福見到鮑有聲老師後，只應允在許家做家務，暫不收為徒，以後再說。經過半年多的考察，認為鮑有聲老師品行端正，忠厚老實，吃苦耐勞，精明強幹，武術天分極高，這才將其收入門下。

1928年河北省國術館成立時，他成為國術館第一批學員。當時許蘭州創辦的河北省國術館以培養武術人才、發揚中化武術為宗旨，學員一旦入選，不但不收任何費用，而且衣食住行全部由國術館負責，每月還發津貼。

據鮑有聲老師講，那時採取全封閉式的訓練方法，在深宅大院裏，不許外出，每天練功十幾個小時，每月只放半天假，而且晚上必須回國術館，不許在外過夜，河北國

術館由許蘭洲任館長，副館長為高虎臣，許家福為教務主任。國術館習武條件相當好，各種輔助練功設備齊全，為學員練功和功力的增長創造了良好的條件。

鮑有聲老師自拜許家福為師後，專攻習八極拳、劈掛掌、六合大槍。三年畢業後，國術館又讓鮑有聲、楊同茂、吳玉昆、王紹先、張世忠等尖子學員繼續留館深造，修習深一層的內功心法，並作為第二批學員的帶班助教。第二期學員畢業後，國術館遷到北京，招收了第三批學員，鮑有聲老師繼續擔任助教，同時兼任二十九軍軍部武術教官。抗日戰爭爆發後，國術館解散，其他學員各回原籍，許家福老師又把鮑有聲老師帶回許公館學藝一年半。前後在許家共練了 13 年功夫。在學藝期間，所學的各種拳術、器械全部都經過「神槍」李書文的指點和整理，同時也從高虎臣身上學到很多技藝。

高虎臣，字仙雲。內外功夫極為精深，尤善太極雷拳、形術八極拳、金剛八極拳等。李、高二位宗師對鮑有聲老師極為器重。據鮑老師講，當時國術館學員有幾十人，一般二位宗師很少給予指導，但對鮑有聲老師不同，經常給予單獨輔導，尤以內功為最。

鮑有聲老師講，習武內功極為艱辛，練功之難、之苦，讓人難以忍受，如不能以極大毅力堅持下去，稍一鬆勁就會前功盡棄，無法完成「以氣開骨」這個過程。武館學員得到內功傳授者很少，非得意之弟子老師是不願傳授的。「以氣開骨」是修習易筋經之高難度功法。如在修習易筋經之「定海針」動作時，動作要求是：彎腰俯身，雙手抱住後腳跟，將鼻尖置於雙腳面之間，運功行氣於周

身，時間要能夠達到半小時才算功成。

　　鮑有聲老師講，練完此功時，所流汗水能將雙腳邊一尺方圓的地面浸濕。練其他的動作也是如此，一個動作一個動作地耗，直到周身骨骼被內氣貫開為止。在鮑有聲老師練功時，兩位宗師及許家福老師經常在旁觀察和指導。隨著時光的流逝，鮑有聲老師度過了以氣開骨的過程，使自己的內外功法達到了高深的境界。

　　在國術館內部進行交手比賽時，鮑有聲老師每次都名列前茅。當時，國術館經常有武術界其他門派的人士來切磋技藝，在鮑有聲老師參與的比手中，他總是不負眾望，從未失過手，因此成為國術館「四大金剛」之首。

　　鮑有聲老師參加比賽的主要成績如下：

　　民國二十年十月參加南京運動會，其中有武術擂臺賽，參加的各省武術運動員有一千多人。在十幾天的打擂中，奮力拼搏，獲得中量級第二名，獲銀樽一座、銀質獎章一枚、獎狀一個。

　　民國二十一年十月參加第二次國術國考，地點在南京夫子廟。奪得槍術第二名，獲銀樽一座、銀質獎章一枚、獎狀兩個。

　　民國二十二年十月，在上海市中心體育場參加運動會，獲得中量級拳術第二名，槍術第一名，獲得金牌一枚，銀牌一枚，獎狀兩個。

　　民國二十三年，參加第十八屆華北運動會，地點在天津寧園體育場。這屆是表演賽，獲拳術、槍術第一名，劍術第二名，獎品為寶劍一口，寶劍上有河北省會主席于學忠的名字，同時獲得金牌一枚、銀牌一枚、獎狀兩個。

1939 年 6 月，經許蘭洲介紹鮑有聲老師到青島 101 集團軍司令部武術團任武術教官。日本投降後，在全國各地跑行商。新中國成立後，先在衛生局工作，1958 年到西城汽車修配廠當工人，1966 年 9 月受到「文革」衝擊，回到天津老家。1973 年落實政策轉為退休工人。1978 年 11 月到北京，受聘於牛王廟金屬結構廠。1981 年 3 月 22 日患病，1995 年 4 月 14 日病逝，享年 84 歲。

　　1978 年初，我把鮑有聲老師從天津雙街村接到北京，住到家裏，吃住一起。那時，每日裏除同眾師兄弟共同習武外，一早一晚都得到老師的單獨指導，寒暑不輟。鮑有聲老師授藝極為嚴格。他老人家經常說，練八極拳沒有機巧可取，只能像刻模一樣，一招一招地練，不能走樣，一式不見力，絕不教第二式。他尤其注重金剛八式六大開手的勁力及其變化。

　　在向鮑有聲老師學藝的過程中，我深深地感受到了中國武術的博大精深和鮑有聲老師的精湛武藝。老師的內外功夫極為精深，尤其是內功更致深化。他在教我們推軟架時，只見微一行功，氣往下沉，內氣一動，渾身骨節就發出爆豆般的炸響，隨著動作的變化，這種聲響越來越大，如同鋼鐵磨搓之聲響，簡直不可思議，令人歎為觀止。鮑有聲老師說，此乃以氣開骨，骨隨氣動，周身骨節以氣摧之，嘎嘎作響，運達四梢所產生的內在的混元一氣。此等功法除鮑老師外還未見到第二人。

　　鮑老師來北京後，經常有武術界的人士慕名來訪，探討武術方面的問題，他們對鮑老師的內外功夫無不感到震驚，尤以內功為最。

1978 年春，有一天老師教我練「彈肘」，為了增強實戰性，讓我往他身上發力。因老師當時已經六十多歲了，我不敢太用力。老師心中自然明白，他說：「你不要考慮我，保險沒問題，你有多大勁使多大勁。」我聽後心中有數，鼓足全身之力一肘擊向老師胸部。老師步一紮，腰一挺，不但紋絲未動，我反而被彈出幾步，就像打在輪胎上，震得渾身麻疼。

有一次老師教我們「靠山背」，當時在屋裏，為了讓我們體驗靠山背的威力，只見他面對屋牆，一上步，「啪」地一個正面靠，只聽「轟」地一聲，五間大瓦房震得玻璃窗紙一片聲響，塵土紛紛落下。嚇得別屋的人們紛紛跑出，不知發生了什麼事情。老師說：「這還不敢用力，三七磚牆經不住三下，準能撞個大洞。」這是多年練功，在不同物體上經常操練並內外結合的結果。

老師看著我們吃驚的樣子，感慨萬千，說：「我們現在習武，只能以健身為主，不能太過力，時間不夠。像『靠山背』這門功夫，主要是使內腹充實不怕打。我們那時練功，每天幾千下，寒暑不輟，經過多年，才練成此功。當年我們在城牆上試功，以反背靠山進行靠打，將牆上都打上了一個背印，陷進去幾公分。練此功不可太用力，不能讓氣沖頭。你們要千萬記住。『靠山背』以正靠最難練，不易出功，易受傷。此靠山以胸腹攻擊，練習時一定要注意要領，以免受傷。」老師的演示此功，更加深了我們對武術內功的認識。

有一次老師看我們演練雙鉤，不時加以指導。其中有一個臥雲射月的動作，總是做不到位。這時老師站起來，

未做任何準備動作，拿起雙鉤，一個摟鉤轉體，將鉤停在腦外側，左腳停於嘴前，說聲：「看好！」「嗖」地一聲左腳向斜上方蹬出，同時雙鉤右旋，接一個仆步停鉤，整個動作如行雲流水一氣呵成。當時老師已年逾古稀，如不親眼目睹，實難相信。

1979 年深秋，有一天晚上，眾師兄弟在我家聚會，吃完飯後，大夥兒在院子裏練了一會兒，回屋內喝水。此時老師興致很高，說起了國術館練功時的趣聞。在說到鷹形的變化時，他展露了一手「鷹翻」。當時我們站在屋內兩側，鮑老師走到門前輕舒雙臂，身體突然一縮一放，此時面朝東牆方向，眨眼間人已到了後牆，並且已經面朝西。眾師兄弟都沒看清他是怎樣過去的，其動作變化之快，真是疾風閃電一般。

老師看著我們吃驚的樣子說：「藝貴精，沒有內功和科學合理的練功方法是不能做到高超的身法變化的。沒有易筋的『以氣開骨』這個過程，是不能夠達到內外合一任曲伸這種機變的。」老師的演示，又一次讓我們大開了眼界。

有一次，在金屬結構廠往汽車上裝鍋爐配件「大氣包」，此物重一千多斤，由於固定不牢往下滑動，而下面有人正在幹活。鮑老師見狀，一個箭步撲上去，雙手托住氣包，一運氣、一挺腰將氣包推回原位，避免了一場惡性事故的發生。當時驚得在場之人都說不出話來，而老師則面不改色，氣不長出。事後，廠子裏的人都說，真看不出，鮑師傅快 70 歲的人了，怎麼會有這麼大的力氣，令人難以相信。

鮑有聲老師一生忠厚正直，勤奮向上，學習刻苦，尊敬師長。他的技藝，除授子雅君、雅琪外，主要傳人有天津的鮑秀華、王景州、鄭子謙，北京的劉殿仕、錢震、王世泉、陳升、趙有、趙太安、王福臣等。鮑老師晚年雖然身體不好，但仍帶病堅持授功，以教徒為樂。我在向鮑老師學藝的這些年裏，所學到的技藝和知識，使自己終身獲益匪淺。

第二章

八極拳的風格、特徵及訓練要求

第一節 八極拳的風格特點

八極拳屬內家拳法之一，需內外兼修。凡行內功，多借外輔，由內達外，內壯而外堅。行外功者多借內助，由外及內，外壯而內久必傷。外運行由內，而內引導者內功也。內引導於外，而外運行者外功也。如全取於外，不問乎內，外功中外功也。純求於內，不顧其外，屬內功中外功之外也。

內家主氣尚自然，故有行雲流水、風行電閃之勢。講的是：「虛實動靜隨機變、剛柔相濟兩相宜，陰陽二氣勤引導，內外合一任曲伸。」故習練八極拳者，必先懂得意、氣、力的結合，要以意領氣，以氣催力，氣到力到，意領神隨。靜若處子，動若脫兔。全身上下，一動無不動，一靜無不靜。靜中猶動，動中猶靜。逢開必進，逢進必開；開中有進，進中有開。否則看似外形剛猛，擤氣發聲，實則勁道僵硬，憋氣傷身。

八極拳屬短打之拳法，其動作極為剛猛。歌曰：「瘋牛驚象龍虎行，開步打拳一團風。行如風，穩如釘，四面八方任我行。」發力如繃弓、如炸雷，寸截寸拿，硬開硬

打。練拳時要求凝神靜氣，氣貫丹田。三盤六點，合二為一，即上中下三盤穩固，內三合與外三合互相貫通，達到心與意合、意與氣合、氣與力合、手與足合、肘與膝合、肩與胯合。以意領氣，以氣催力。其勁道始於足，發於腿，主宰於腰，力達於四梢。內外上下，氣力相輔，勁斷意不斷，形斷神相連。

習練八極拳要打好基礎，循序漸進，切勿急功近利。初學者要持之以恆，吃苦耐勞。要集中精力，反覆練習，逐步理解其招式特點及技擊作用，力求動中取靜，靜中求動。達到隨機而動，應變自然，心形合一的境界。

第二節　習練八極拳的初級階段

初練八極拳者，必先打好基礎，即練好站樁和定架，在此基礎上習練金剛八式，以達到整合力，即力整而勁合。人的動作功能，分為有意識動作和無意識動作。有意識動作受神經中樞支配，先天具有，但這些動作雖靈巧但不鬆活，且力僵而拙，不能將全身勁力合為一點瞬間發出。因此，習練者除了練習其他基本功之外，主要以金剛八式為主。金剛八式主要以龍、虎、熊、鶴等動物的形態、勁力為目標，追求勁力與形態的結合，化為整勁。

初學者要做到吃苦耐勞，堅持不懈。持之以恆，必有所成。透過習練，逐步將有意識動作向無意識動作過渡，在遇到情況時必然能做到超意識的反應。

由初級階段的習練，逐步過渡到中級階段。此階段實為換散力為整力的過程。但此過程因人而異，以各人資質

天賦的不同可長可短。

初級階段練拳要克服八忌：

1. 意鬆神散；

2. 心浮氣躁；

3. 形僵力拙；

4. 丟重失中；

5. 膝軟胯滯；

6. 憋氣挺胸；

7. 裹肩佝腰；

8. 臂直鬆襠。

習拳勿貪多，須求精，做到每招每勢準確無誤。練拳時要有技擊意識，務要做到八要：

1. 意向要遠伸；

2. 無人似有人；

3. 形活氣力貫；

4. 持重須固中；

5. 短手能自保；

6. 長手要達力；

7. 形屈而力直；

8. 鬆緊要相宜。

只有克服八忌拳弊，充分顯示出八要的神韻，才能練功日趨成熟，熟則意清，氣合力順，身活步穩。

第三節　習練八極拳的中級階段

習練八極拳的中級階段要以金剛八式功架和八極小架

之勁力、八極大架之變化，與六大開手相結合，進行拆解套路的演練，以及招法、試功的變化，重點理解和掌握攻防意識和應變能力。同時還要練習內氣，如丹田功法、易筋經，並輔以頂弓、掌板、吊球、擊沙袋、操手等，達到內壯外堅，具有鬆、活、柔、綿、巧之變化，又有冷、脆、彈、滑、變之勁力。

歌曰：「十趾抓地頭頂天，五體鬆放心不纏，氣貫丹田意力合，周身上下盡自然。」要求內氣與形體合二為一，意動則形動，形動意相隨，攻防有變化，往來任我行。要做到有剛有柔，剛柔兼備。剛則柔，柔則剛，虛則實，實則虛，虛實難辨，深淺莫測。要結合練氣、練意、念、手、眼、身、法、步，要融合八極拳的技擊八疾：1.神出箭馳；2.意如閃電；3.身如旋蛇；4.手如法魔；5.進如風鑽；6.閃如火灸；7.避實擊虛；8.槍位攻中。

達乎此，則能縱橫往來若神龍隱現，令對方目不暇接，防不勝防。

第四節　習練八極拳的高級階段

透過高級階段的習練，可達默化拳術功法，做到隨機而動、應變自然、隨心所欲之境界，招法亦不受意念的支配，身體亦不受招法的限制，全身各部之力已融為一體，觸點如彈簧般的反射產生出突發力。

此階段的演練除中級階段所必修的內容外，應以易髓為主。易筋容易易髓難，易筋義淺，入手有據，初學易解，其效易臻。洗髓義深，精進無基，初學難解，其效亦

難。及其成也，能隱能現，穿金透石，脫髓圓通，虛實長活，具而成形，散則為風，然不可一蹴而至也。此乃至深內功，無名師指導，實難練成。

以上階段的交手功法有八論：

1. 眼毒手要奸，誘敵入機關。
2. 拳本無招法，無形有機變。
3. 步靈無定勢，功發有陰陽。
4. 出手有螺旋，神機內崩撼。
5. 全身穩如山，支點力如簧。
6. 發力不露形，形變不露相。
7. 潛力如絲連，發力氣撼山。
8. 提胯化攻合，纏繞體宜中。

蓋此功法，無形無式，無招無相，善用方位、角度的偏差，重心、力度的機變，巧用槓桿力、離心力等力學原理，深藏機變，神鬼難防。習練者不可單以拳術之猛以求力勝，招術之疾以求速勝。應以練氣養生為主，自然功成。得此妙法，八極拳功法可達上乘也。

第五節　八極拳的勁力

八極拳的勁力獨特，以三大勁力為主，即沉墜力、十字勁、纏絲勁。八極拳內外兼修，剛柔相濟，既有明勁，亦有暗勁。明勁暗勁相輔相成，相互轉換，這個轉換過程，實則陰陽兩極的分界線。沉墜力、十字勁主剛，勁屬陽，纏絲勁主柔，勁屬陰。剛柔兩種勁力的轉換過程是練八極拳的重要途徑，沒有這個轉化就不是傳統的八極拳。

一般習練者先練沉墜力，次練十字勁，最後再練纏絲勁。

一、沉墜力

沉墜力的練法，首先要以意領氣，要用意念引氣往下走，沉肩墜肘，氣貫丹田。歌曰：「十趾抓地頭頂天，懷抱嬰兒手托山，五體鬆放心不纏，開步打拳如砸夯。」打拳時周身上下每個部位都有一種沉穩下墜之感，穩如泰山，撼之不動。

二、十字勁

十字勁是將沉墜勁所凝聚的整體勁力向四面八方所展開的勁力。其方法是將三盤合抱，周身緊縮，雙腳下碾，突然爆發所產生的反作用力向四面八方猛烈炸開。打拳時前手的衝撞力和後手的沉墜力是一致的。

三、纏絲勁

纏絲勁始於足，主於腰，是將十字勁回環、轉繞、滾翻、纏裹而發出的勁力。其勁力往返循環，綿綿不息，貫通全身，應感而發，四肢百骸，內氣環繞，吞吐自然。此種勁力至剛至柔，無處不到，周身無處不彈簧。此種勁力較為難練，但只要持之以恆，苦心鑽研，必有所成。

第六節 八極拳的內功

八極拳的內功可分為初級、中級、高級三個階段。行功時做到心不外用，神不外馳，意有所注，氣有所歸。初

級功法以練丹田為主，蹲樁、站樁、提氣、砸氣，以增加氣道的行程，擴大肺部的呼吸量，以合其氣，固其內。中級功法主要修習易筋經，配以軟架、行拳，以活其氣，開其骨，展其形，強其勁。高級功法主要修習洗髓功，修心養性，培元固體，固身充盈，無物無我，隨心所欲。此等功法，在極靜中求之，非常人可達之境界。

八極拳內功的習練，必然循序漸進，並有老師指導，方能逐步練成。氣功有練氣與養氣之分，練與養雖同出一源，但也有虛實動靜之分。蓋養氣以道為歸，以集氣靜養為宗法，養心健魄，斂氣歸神。練氣者以呼吸為功，運使為效，調動四肢百骸，以意養氣，以氣促力，氣隨力走，力由氣發，使之由剛轉柔，由柔轉剛。待用時，則時剛時柔，或遇虛則柔，遇實則剛，或遇虛進剛，遇實則柔，剛剛柔柔，柔柔剛剛，剛柔相濟，虛實同進。同時，要意行一致，氣力相隨，內外合一，周身上下一動無不動，一靜無不靜，一極觸動，百極回應。

練氣者在練功時應注意三大疾患：

1.上撞。表現為心不寧，氣不順，行氣不暢，氣集於腦，輕者頭暈目眩，重者思維混亂。

2.中截。表現為守意不專，吞吐序亂，造成胸悶、氣短、不思飲食。

3.下漏。表現為守意過度，氣傷而腹瀉，造成面黃肌瘦，元氣受損。

所以，習練內功必須謹慎，小心行走，循序漸進，順其自然。千萬不能急功近利，以免走火入魔，出現偏差，給自己造成不應有的傷害。

第七節 八極拳的練與養

拳要練，更要養，不會練，或練拳不得法，拳藝很難達到較高之境界，達不到強身健體、修身養性之目的。習武貴在真傳，只有掌握正確的練功方法才能功長藝高，否則南轅北轍，失之千里，自廢其身。

習武之人要講武德，不能爭強鬥狠，恃強凌弱。要調理好自己的情緒和心態，不被七情六慾所侵，不為不良習慣所傷，真正懂得養拳之道。

1.練前有準備，練後有調理

練習前先熱身，做好必要的準備工作，並以吐納之術調整好氣血，使之暢通。吐納與呼吸有異，呼吸是吸下呼上，吐納是吐出納入。練功後要慢步遛走，放鬆身心，散其濁氣，並伴以搓揉之法調腎理氣。

2.防風守汗

練功出汗後，汗毛孔張開，如遇冷風，毛孔閉住，汗濁餘毒集於皮下，久而生疾。俗話說：「避風如避箭。」因此練功後不可被冷風吹，不可用冷水洗，而應用毛巾把汗擦乾，待體溫恢復常態後方可洗浴。

3.功後忌飲水

練功出汗、身體缺水為正常現象，但練功後不宜立即飲水，只可漱口而已。待汗乾氣勻後，方可飲水，以免傷

及脾胃。

第八節　八極拳的主要特徵

八極拳的特徵主要表現在以下幾方面：

一、實用性

八極拳中沒有花招，質樸無華，一招一勢簡捷明瞭，各個動作只求實用，不求美觀。

二、連續性

八極拳要求習練者要循序漸進，特別注重基礎訓練及每個階段的練習。前一式練不純熟絕不教授第二式。

三、艱苦性

由於八極拳沒有花架子，各種動作極為純樸，必須反覆練習方能進步，因而初學者若感覺枯燥無味、沒有恒心則實難堅持。從以往情況看，習練八極拳者十有八九中途而廢。

四、變化性

雖然八極拳很簡樸，但卻不意味著粗陋，其實應該說它積累了眾多實踐經驗的技術結晶，表面看似簡單，實則內蘊高度濃縮的技術精華。熟練之後，變化無窮，遇到對手時可隨對方變化而變化，內藏功夫將不斷湧現出來。

五、易練性

由於八極拳的動作簡單，一招一勢簡捷明瞭，非常易於學習。只要勤奮地反覆練習，細心體會每個動作的要領及目的，闖過枯燥關，打好基礎，由實踐的檢驗，肯定能夠引起習練者的極大興趣，只要堅持下去，必然得到效果。

第三章

八極拳的技術內容詳解

八極拳是以反覆操練金剛八式為入門，以小八極拳為基礎，以大八極拳運用其求，以六大開極盡其藝，並附其單操、散手和劈掛掌，依次推進，完成整個功法。

第一節　八極拳的基礎功夫

習拳必須重視根本，由基礎開始學起。第一步是對基本的步法、拳法和掌法有一個正確的認識和紮實的根底，然後再習練套路和其他功夫。

一、步　型

1.馬　步

兩腳平置地面，兩腳分開，略寬於肩，腳尖正直，十趾抓地，屈膝半蹲，立身中正，重心取中，虛領頂勁，二目平視，氣貫丹田。
（圖 3-1-1）

圖 3-1-1

圖 3-1-2　　　　　　　　　　圖 3-1-3

2. 弓　步

兩腳立於地面，一膝彎曲，一膝伸直，重心落於彎曲的一腳，所屈之膝不能超出腳尖，寬與肩同，沉肩墜背，前弓後蹬。（圖 3-1-2）

3. 虛　步

兩腳前後分開，距離半步，屈膝半蹲，前腳跟提起，腳尖點地，膝自然彎曲，重心落於後腿，前三後七。左腳在前為左虛步，右腳在前為右虛步。（圖 3-1-3、圖 3-1-4）

4. 半馬步（又稱四六步）

介於馬步和弓步之間的姿勢。兩腿左右分開，略寬於肩，左腳尖外撇 45°，上體左轉，重心落於左腿四分，右腿六分。左腳尖外撇為左馬步，右腳尖外撇為右馬步。（圖 3-1-5）

圖 3-1-4

圖 3-1-5

二、步　法

八極拳的步法和其他拳種差異較大。本門的步法有震腳、搓步、碾步、磨盤步、闖步等。

1.震　腳

又稱跺子腳。一腿屈膝提起，然後迅速落地下震，擤氣發力，氣貫丹田。震腳又分單足震、雙足震、上步震、退步震、碾震等。

2.搓　步

又稱滑達步。兩腳一致，以整體勁向前瞬間移動，兩膝彎曲而行。移動時，兩腳不能離開地面，要在地表上行進，前腳衝，後腳跟。

3.碾　步

出腿落步時，力量迅速從腳尖移於腳掌，這是用腰和大腿部分的力量。

4.磨盤步

借助腰的力量，移動雙腳迅速旋轉身體，形成全身的整體勁。

5.闖　步

以一腳原地震腳之後，另一腳急速前行，衝蹚而出，身體隨之向前闖撞。

三、拳　法

這裏指的是用拳的方法。

握拳如捲餅。即四指用力捲屈，拇指壓在中指和食指第二指節處。有仰拳、俯拳、立拳和螺旋拳四種。

1.仰　拳

利用衝勁，朝斜上方打出的拳。由下攻擊臉部的「沖天炮」即屬此種拳法。勁由肘發，邊進邊用，威力無窮。（圖 3-1-6）

2.俯　拳

屬低平拳。使用擄勁，由肩發出的勁朝對方稍下處打出。（圖 3-1-7）

圖 3-1-6　　　　　　圖 3-1-7

3.立　拳

即豎拳。使用捅勁，打出的方向和角度是由背中脊椎發出來的勁，要求先沉住脊背再彎曲，然後發力。（圖 3-1-8）

4.螺旋拳

即使用螺旋勁。由腳部發出的勁，通過腿部、臀部，再經由腰部的回轉，傳過背、肩、肘而達於手。此過程動用了滾、鑽、繃、架的力量。（圖 3-1-9）

圖 3-1-8　　　　　　圖 3-1-9

四、掌　法

　　掌就是開手。以開手的狀態所使用的方法稱為掌法。八極門的掌法有切掌、劈掌、摔掌、撩掌、推掌、按掌三種六掌。

1.切掌和劈掌

　　此二掌都是使用小指側的邊緣，其勁道發自肘部。切掌是短勁，發出的同時急速收回。劈掌是長勁，力道直貫到底。（圖 3-1-10、圖 3-1-11）

圖 3-1-10

圖 3-1-11

2.摔掌和撩掌

　　這是只使用掌背的掌法。用彈壓力自腕部發出，但摔掌向下，撩掌向上。使用時不用肩部的力量，而是柔軟地使用肘部帶動掌背、手指，使手腕之力就有如鞭子般有力。（圖 3-1-12、圖 3-1-13）

圖 3-1-12　　　　　　　　圖 3-1-13

3. 推掌和按掌

此二掌同樣使用掌的根部，勁道發自肩部，稱為吐勁。因此必須手肘不彎曲，手腕伸直，越直威力越大。推掌是後退時將掌根拉直推出，按掌是前進時使用，包含了以指尖的點打和掌根的印打。（圖 3-1-14、圖 3-1-15）

圖 3-1-14　　　　　　　　圖 3-1-15

第二節　八極拳的輔助練習

　　人的身體是由五臟六腑、四肢百骸所構成，以筋脈相連，以氣血貫通。「內則精氣神，外則筋骨皮」，臟腑之外，筋骨主之；筋骨之外，肌肉主之；肌肉之內，血脈主之；周身上下，搖動活潑者又主之於氣也。是故修練之功全在培養氣血者為大要也。

　　另要培其元氣，守其中氣，保其正氣，護其腎氣，養其肝氣，調其肺氣，理其脾氣，升其清氣，降其濁氣，使氣清而平、平而和、和而暢通，以至周身靈動。只有時時操練，才能保證旺盛的精力，達到精深的境界。精氣神是無形的，而筋骨皮是有形的，鍛鍊有形之物輔以無形，培養無形，則以有形之物加以輔助。此（內外兼修）自古以來就是習武者應有的修練，即以外功為目的，練得勁力。同時體會發勁的要領，即運氣由丹田到手足，達到鼓氣如鋼、內外合一的境地。

　　八極拳的輔助練習很多，有站樁、摟樁、靠樁，頂弓、掌板、跑磚、吊球、吊袋、打沙袋等，現介紹其中主要幾種。

1.樁　功

　　包括站樁、摟樁、靠樁。此樁要求習練者要做到五趾抓地頭頂天，五體鬆放心不纏。站樁時兩腿分開，略寬於肩，自然彎曲，膝不過腳尖，沉肩墜肘，兩手抱圓，二目平視，舌抵上腭，氣沉丹田，時間越久越好。

摟椿時，以上姿勢不變，用腰帶動手臂從斜上方向懷中之椿摟打，擊點放在腕根部，左右輪番擊打，伴之擤氣，純熟後可加上反臂從懷內向斜上方挑打，擊點放在腕根部外側，上下左右輪番擊打。

靠椿分為正靠和背靠。正靠時，要求一腳在前，一腳在後。左腳在前時，以右肩胛之胸部向前撞擊；右腳在前時，以左肩胛之胸部向前撞擊。步不動，完全用腰的旋轉力，伴之擤氣。背靠時也是一腳前，一腳後，左腳在前時，以左胯帶左脇，用左肩以下部位向左前方撞擊；右腳在前時，以右胯帶右脇，用右肩以下部位向右前方撞擊，以前腳尖下落的碾步，帶動腰的旋轉力，伴之擤氣。

摟椿和靠椿習練純熟後，可以合起來練，可死步練習，也可活步練習，練久自可體會挨、幫、擠、靠的情形。

2.掌 板

以一鐵槽埋於地下，深約 80 公分，寬約 40 公分，厚約 10 公分；以一木板長約 2.5 公尺，寬約 30 公分，厚約 6 公分，放置於鐵槽中。擊打時，一腳在前，一腳在後，用腳尖下落的碾步帶動腰部的旋轉力，催動掌力向木板擊打，能把木板擊出槽外為最佳。擊打時應注意木板的彈簧勁反彈傷及手腕。

3.吊 球

主要鍛鍊腿部力量、腕部力量和沉墜勁。用粘土配以花桔或絲棉，攪拌後形成球狀，然後插入五指，曬乾後形

成自然指洞。可以根據本人需要確定重量,而後逐步加重。鍛鍊時,以馬步為主,沉肩墜肘,意守丹田,時間越久越好。亦可活步,以八極小架為主,一招一式耗架子,達到意、氣、力逐步合一的目的。

4.打沙袋

用帆布製成沙袋,內裝綠豆,置於桌上。鍛鍊時以馬步為主,用腰勁帶動手臂,以掌心、掌背擊打沙袋。亦可變成活步,上下左右擊打。隨著功力增長,慢慢撤出綠豆,逐步加入鐵砂,直到完全變為鐵砂為止。練功後必須用藥水浸泡。

第三節　金剛八式

1.撐錘（蹦弓竄箭急）

十趾抓地頭頂天,雙膝微屈,氣沉丹田,二目平視;雙拳抱圓,兩臂繃抖與肩平,左手在前,虎口朝上,右手在後,虎口朝下,成一字形;右拳自身後向前往下砸平的同時,左腿成虛步,左拳收回,護左脅;然後迅速上左步,在落步的同時,碾腳跟,出左拳,右拳下帶抽回護右脅,成馬步（圖3-3-1至圖3-3-4）。

然後擰身坐胯,左腳帶步,上右腿成虛步,然後迅速上右步,在落步的同時碾腳跟出右拳,左拳下帶抽回護左脅成馬步。發力同時,伴有擤氣。以此類推,左右轉換。

【要求】手到、腳到、腰到,三盤一體,打出整勁。

圖 3-3-1

圖 3-3-2

圖 3-3-3

圖 3-3-4

2.降龍（五嶽朝天錐）

十趾抓地頭頂天，雙膝微屈，氣沉丹田，二目平視；
雙拳抱圓，雙臂繃抖與肩平，左臂在前，虎口朝上，右臂

在後，虎口朝下，成一字形；右拳自身後向前往下砸到與眉平行的同時，虛右步，收左拳，護左脇；然後右步前跨，猛出左拳向上豁打，高與眉齊，右拳收回臥腕護右脅，成弓蹬步，略寬於肩，後腿腳跟踮地（圖 3-3-5 至圖

圖 3-3-5

圖 3-3-6

圖 3-3-7

圖 3-3-8

3-3-8）。然後帶右步上左步成左虛步，左步前跨的同時，猛出右拳向上豁打與眉齊，左拳收回臥腕護左脅成弓蹬步，發力同時伴有擤氣。以此類推。

【要求】坐腰拔頂，猛力前衝。

3.伏虎（六合捕地錦）

十趾抓地頭頂天，雙膝微屈，氣沉丹田，二目平視；雙拳抱圓，步不動；雙腿用腰一挫雙震腳，身體成 45°，右肘下墜，前臂縮回，五指平伸朝前，左手成掌，在右肘下面護脅，雙目平視右前方；然後猛出右腿，右掌前探下按成四六步，右手下按到右膝前 10 公分處，左手後襯，肘往外撐至左膝上方 10 公分處（圖 3-3-9 至圖 3-3-12）。

然後，上左步併步雙震腳的同時提左肘，左臂縮回，五指平伸朝前，右手成掌，在左肘下面護脅，雙目平視左前方，然後猛出左腿，左掌前探下按成四六步，左掌下按

圖 3-3-9

圖 3-3-10

圖 3-3-11 圖 3-3-12

至左膝前 10 公分處，右手後襯至右膝上方 10 公分處。以此類推。

【要求】以腰為軸，平伸下按，打出爆發力。

4. 劈山掌（劈山斧加鋼）

十趾抓地頭頂天，雙膝微屈，氣沉丹田，二目平視；雙拳抱圓，雙臂繃抖與肩平，左臂在前，虎口朝上，右臂在後，虎口朝下，成一字形；然後右拳從身後向前往下變掌劈下，高與眉齊，虛右步，收左拳變掌臥於左脅；跨右步同時猛劈左掌，高與眉齊，收右掌臥腕在右肋，成弓蹬步，略寬於肩，腳後跟踹地（圖 3-3-13 至圖 3-3-16）。

然後帶右腿上左步成左虛步，跨左步的同時猛劈右掌，高與眉齊，收左掌臥腕於左肋，成弓蹬步，略寬於肩，腳後跟踹地。以此類推，左右轉換。

【要求】以腰帶臂，力貫於掌根。

圖 3-3-13　　　　　　圖 3-3-14

圖 3-3-15　　　　　　圖 3-3-16

5.探馬掌（蹬山探馬準）

　　十趾抓地，雙拳抱圓，然後震腳猛出右腿的同時，右掌前探成平掌，左臂墜肘，內合在右臂腋左下方，上身前

傾成弓蹬步；然後坐腰撐胯扒掌，以腰帶肩，肘力達於掌，左右連扒五下，最後出右腿的同時，右掌從耳根處猛摔出去成弓蹬步，右臂成平掌，左臂墜肘內合在右臂腋左下方，上身前傾（圖3-3-17至圖3-3-22）。以此類推，左右轉換。

圖 3-3-17

圖 3-3-18

圖 3-3-19

圖 3-3-20

圖 3-3-21

圖 3-3-22

【要求】此式猶如烈馬直立以前蹄攻擊，要快、準、狠。注意開門不宜過大。

6.圈掌（圈攔虎抱急）

十趾抓地頭頂天，雙膝微屈，氣沉丹田，雙手抱肩側身左視；然後左腿背步震腳的同時身體左轉，左臂平扇，右臂猛圈，雙手抱肩成騎馬步（圖3-3-23至圖3-3-26）。然後右腿背步震腳的同時，身體右轉，右臂平扇，左臂猛圈，雙手抱肩成騎馬步。以此類推，左右相同。

【要求】以腰帶臂，以臂

圖 3-3-23

圖3-3-24　　　　　　　　圖3-3-25

圖3-3-26

帶掌，雙臂要直，腳響手到。

7.熊蹲（熊蹲硬靠擠）

雙腿併攏下蹲，兩拳抱在雙膝兩側，虎口朝外，拔頂垂肩，側身左視；然後以腰帶臂猛跨右步，身體左轉，右

拳貼身兜出，左拳同時往前繃抖，兩臂伸直成上平拳，騎馬步（圖 3-3-27 至圖 3-3-30）。然後帶右步上左步，併腿下蹲，雙拳抱膝，虎口朝外，側身右視；然後以腰帶臂猛跨左步，身體右旋左拳貼身兜出，右拳同時往前繃抖，

圖 3-3-27

圖 3-3-28

圖 3-3-29

圖 3-3-30

兩臂伸直成上平拳，騎馬步。以此類推，左右相同。

【要求】下蹲時腰要直，上步要快，出拳要用腰抖，落地開花。

8.推山掌（鶴步推山穩）

十趾抓地頭頂天，雙膝微屈，氣沉丹田，五體鬆放，雙臂抱圓，猛提左膝的同時，右掌從左腋下外旋轉掏出，左掌內旋收回，同墜雙肘，雙掌前探，左腳面往下繃直，右腿微屈，身體收縮為一團，然後左腿前踏成雞斗步，或四六步，雙掌同時推出，或上搓，或下按，或平撞均可（圖3-3-31至圖3-3-34）。接著猛提右膝，左掌從右腋下外旋掏出，右掌內旋收回同墜雙肘，雙掌前探，右腳尖往下繃直，左腿微屈，身體縮成一團，再右腳前踏成雞斗步，雙掌推出，上搓、下按或平撞。以此類推，互相轉換。

【要求】有伸有縮，收放自如。提膝如白鶴獨立，掌有點指、印打和吞吐。

圖3-3-31　　　　　　　　　圖3-3-32

圖 3-3-33

圖 3-3-34

第四節 八極小架（小八極拳）

八極小架定勢極為重要，是習練八極拳的根本。它要求含胸拔背，沉肩墜肘，氣貫丹田，尾閭中正，呼吸自然。習練之時不可求快，一招一勢要準確、沉穩。練久必熟，熟中出巧。

1. 出 勢

十趾抓地頭頂天，雙膝微屈，氣沉丹田，二目平視；雙拳抱圓在丹田，兩拳相對，虎口朝外。（圖 3-4-1）

圖 3-4-1

2.雙擎頂肘

　　上左步，雙拳自懷中自下而上擎，兩拳相對，虎口朝上，成弓蹬步；接著，左拳不動，右拳拉回至胸前變直肘

圖 3-4-2

圖 3-4-3

圖 3-4-4

圖 3-4-4 附圖

的同時，上右腿成右虛步，然後猛跨步，頂右肘，左拳後襯收至左胸乳前 10 公分處，虎口朝內，右拳上翻頂肘，為懷抱嬰兒手托山，成馬步。（圖 3-4-2 至圖 3-4-4）

3.扣肘拉弓

步不動，往右擰腰扣肘；兩臂扣圓，兩拳相合，左上右下，相距 10 公分，與腹部亦相距 10 公分，雙拳拉開如繃弓，左臂伸直，右臂彎曲墜肘，前後成一條線，右弓蹬步。（圖 3-4-5、圖 3-4-6）

圖 3-4-5

圖 3-4-5 附圖

圖 3-4-6

圖 3-4-6 附圖

圖 3-4-7

圖 3-4-7 附圖

圖 3-4-8

4.碾步揣襠

雙腳不動，擰腰碾腳；右拳貼身變掌揣至襠內，同時，左拳變掌，往上滾翻至頭頂，前臂微屈，成騎馬步。（圖 3-4-7、圖 3-4-8）

圖 3-4-8 附圖

圖 3-4-9

圖 3-4-9 附圖

圖 3-4-10

5. 抽身撣掌

　　左腳不動，右腳回撤併左腿成右虛步；同時，右臂收回至襠前，左掌在右肩胛部；然後，右步向右前方猛跨一大步的同時，右掌從下向右前方反掌撩出，左掌後塌，身體前傾，成大弓箭步。（圖 3-4-9、圖 3-4-10）

6.抽坐搓掌

撤腰後坐，左腿屈，虛右腳；右掌抽回後塌，左掌從右臂上推出，兩肩成一字形，然後帶右步上左步，擰腰併腿挫步的同時，右掌猛然搓出，左掌後塌。（圖 3-4-11、圖 3-4-12）

圖 3-4-11

圖 3-4-12

圖 3-4-13

圖 3-4-13 附圖

7.撣掌拉揣

左掌後撣，右掌變拳，抖腰合臂、左腿猛向左跨的同時，右拳連拉帶揣至襠中，左掌在右肩胛處成馬步。（圖 3-4-13 至圖 3-4-16）

圖 3-4-14

圖 3-4-14 附圖

圖 3-4-15

圖 3-4-15 附圖

圖 3-4-16　　　　　　　　圖 3-4-16 附圖

8.摔腰雙拍

　　向右摔腰推左掌，右拳變掌在左腋下，成弓蹬步；步
不動，左掌回撤，右掌反臂前摔，緊跟著左掌再反臂摔抽
至右掌內，稱「閻王三點手」。（圖 3-4-17 至圖 3-4-
19）

圖 3-4-17　　　　　　　　圖 3-4-17 附圖

圖 3-4-18

圖 3-4-18 附圖

圖 3-4-19

圖 3-4-20

9.上步頂肘

　　右腿抽回變虛步；左臂不動，左掌變拳，右臂抽回，右掌變拳，成直立肘，然後猛跨右步頂右肘，成懷抱嬰兒手托出，成騎馬步。（圖 3-4-20、圖 3-4-21）

圖 3-4-21　　　　　　　圖 3-4-21 附圖

10.抖肘雙揣

　　肘臂同時從外向內裏抖，以腰為本帶出螺旋勁；雙腳尖下碾的同時，雙掌貼身塌至襠內，垂肩拔頂，氣貫丹田，成騎馬步。（圖 3-4-22、圖 3-4-23）

圖 3-4-22　　　　　　　圖 3-4-22 附圖

圖 3-4-23 圖 3-4-23 附圖

11.小纏頂掌

右轉，右腳背步震腳，兩手纏至小腹，上左步，頂左掌，右掌後塌，成馬步。（圖 3-4-24、圖 3-4-25）

圖 3-4-24 圖 3-4-25

圖 3-4-26　　　　　　　　圖 3-4-27

12. 曲手散掌

　　右腿上步貼左膝，屈步下蹲；右掌直插，掌心朝上；左掌在腋下，掌心朝上；然後，右腳震步落在左腳處，左腳前衝；同時雙手散掌，斜身弓步，掌心朝上，右高左低；眼看右掌。（圖 3-4-26、圖 3-4-27）

13. 摞手栽捶

　　左步回帶，左手上摞；左轉身，上右步，跪右膝；右手栽捶，拳從耳根直接栽至襠前，左掌護右肩胛。（圖 3-4-28 至圖 3-4-30）

圖 3-4-28

圖 3-4-28 附圖　　　　　圖 3-4-29

圖 3-4-30　　　　　圖 3-4-30 附圖

14. 轉身抱肘

　　猛往後轉身成弓蹬步；右手拳，左手掌，右手在下架左掌，雙臂抱圓。（圖 3-4-31）

圖 3-4-31

15.貼膝摞手

　　轉身，右腳貼左膝，右摞手，撤步坐腰，雙臂抱圓，右拳左掌，左上右下，掌心相對，相距 10 公分。成斜四六步。（圖 3-4-32、圖 3-4-33）

圖 3-4-32

圖 3-4-33

16.頂捶分掌

步不動，右拳向左擰腰打平拳，左拳護肋；然後坐腰分掌，橫掌外塌，成馬步。（圖 3-4-34、圖 3-4-35）

圖 3-4-34

圖 3-4-34 附圖

圖 3-4-35

17.摽手頂捶

轉身上步，左腳貼右膝，左摽手，撤步坐腰，雙臂抱圓，左拳右掌，右上左下，掌心相對，相距 10 公分，成斜四六步；然後掌變拳，向右擰身打平拳，右拳護肋，成弓箭步。（圖 3-4-36 至圖 3-4-38）

圖 3-4-36

圖 3-4-37

圖 3-4-38

圖 3-4-38 附圖

18.插手提膝

右拳變掌，從左拳上腕處插出；雙臂往回捲的同時，猛提左膝，腳尖繃直；左手變鵝頭，臂垂直，右掌在左肩胛處，單腿屈膝（圖3-4-39至圖3-4-41）

圖3-4-39

圖3-4-40

圖3-4-41

19.轉身撩鵝

　　左腳向左前方跨步的同時，擰腰塌背，左手鵝頭猛然向後撩出，右掌滾翻至頭頂上方；回頭雙眼看鵝頭。（圖3-4-42、圖3-4-43）

　　　　圖3-4-42

　　　　圖3-4-42附圖

　　　　圖3-4-43

20.轉身藏鵝

左步不動，右步回收併腿變虛步微屈；左手變掌在頭頂上方，右手變鵝頭，垂臂藏至襠前，全身緊縮。（圖3-4-44）

圖3-4-44

圖3-4-44附圖

21.跨步兜鵝

右腿盡力向右跨；右手鵝頭猛往外抖出，左掌後塌襯，成騎馬步。（圖3-4-45）

22.挺腰頂掌

步不動；左手擰腰向右頂掌，右掌後塌成弓蹬步。（圖3-4-46）

圖3-4-45

圖 3-4-45 附圖

圖 3-4-46

23.撤步頂掌

　　右步後撤，腳跟踹地的同時出頂右掌，左掌後塌。
（圖 3-4-47、圖 3-4-48）

圖 3-4-47

圖 3-4-48

圖3-4-48附圖

24.盤手墜肘

收左步，併右腿；左掌從右上方盤手，墜肘握拳，右掌收至左肘下；併步下屈。（圖3-4-49、圖3-4-50）

圖3-4-49

圖3-4-49附圖

圖 3-4-50

25.收　勢

擰身撤步，雙拳抱圓至丹田，貫氣歸元。（圖 3-4-51、圖 3-4-52）

圖 3-4-51

圖 3-4-52

第五節　八極大架（大八極拳）

八極大架要求動作剛勁，發力爆猛，氣勢磅礡，大開大合。以其頭、足為乾坤，肩、膝、肘、胯為四方，手臂前後兩相對，丹田抱元在中央為創門之意。以意領氣，以氣催力，三盤六點內外合一，八方發力，周身是眼，渾身是手。動則變，變則化，化則靈，其妙無窮，大有「晃膀撞山倒，跺腳震九州」之勢。因此有「文有太極安天下，武有八極定乾坤」之說。

1.形肘定式

上左步、跟右步、雙腿併攏下屈；左手從右上方盤手墜肘握拳，右拳抱元在左肘下；目視左方。（圖 3-5-1 至圖 3-5-3）

圖 3-5-1

圖 3-5-2

圖 3-5-3

2.左右繃拳

　　右步向右跨步，左腳貼右膝屈步下蹲；右拳向右後反臂兜出，虎口朝下，左拳變掌在右腋下；然後左腿向左跨步，右腳貼左膝，屈步下蹲；右拳向前繃平，左掌在右腋下。（圖 3-5-4、圖 3-5-5）

圖 3-5-4

圖 3-5-5

圖 3-5-5 附圖

3.繃手頂肘

上步震右腳，右拳纏頭；左步跨出碾腳，頂左肘，右手拳向後繃出，虎口朝下，成騎馬步。（圖 3-5-6、圖 3-5-7）

圖 3-5-6

圖 3-5-7

4.十字扁打

上右步的同時，雙臂繃抖，高與肩平，成一字扁擔式；然後步不動，右擰腰，雙臂抖打十字抽。（圖 3-5-8 至圖 3-5-10）

圖 3-5-8

八極拳珍傳

圖 3-5-9

圖 3-5-9 附圖

圖 3-5-10　　　　　　　　圖 3-5-10 附圖

5.坐步揣肋

　　帶右步，坐腰上步揣脇，雙臂要平，兩掌心向外，成騎馬步。（圖 3-5-11、圖 3-5-12）

圖 3-5-11　　　　　　　　圖 3-5-12

圖 3-5-12 附圖

6.捋抱雙撞

震腳換步，雙手下捋抱至小腹前，然後挺腰，雙掌撞出，成弓蹬步。（圖 3-5-13、圖 3-5-14）

圖 3-5-13

圖 3-5-14　　　　　　圖 3-5-14 附圖

7. 撐手架掌

雙手撐腿，雙掌架起，左直右屈在頭頂上方，坐腰成左虛步。（圖 3-5-15）

圖 3-5-15

8.削捶撤掌

背步震左腳,右掌變捶削至左掌心;上右步,轉身擰腰,回身撤左步,雙掌架起,右直左屈在頭頂上方,成騎馬步。(圖 3-5-16 至圖 3-5-18)

圖 3-5-16

圖 3-5-17

圖 3-5-18

9.左右大纏

　　右腿震腳背步，右手向上反摞手，左臂向上直插；左步向左跨的同時，左肘往下坐，右手向上滾翻至頭頂上方成騎馬步。然後，左腿震腳背步，左手向上反摞手，右臂向上直插，右步向右跨的同時，右肘往下坐，左手向上滾翻至頭頂上方，成騎馬步。（圖3-5-19至圖3-5-24）

圖3-5-19

圖3-5-19附圖

圖3-5-20

圖3-5-21

圖 3-5-22

圖 3-5-23

圖 3-5-23 附圖

圖 3-5-24　　　　　　圖 3-5-24 附圖

10.小纏頂捶

　　右擰身，小纏至腹，震右腳，上左步，頂左拳，右拳
護脇成馬步。（圖 3-5-25、圖 3-5-26）

圖 3-5-25　　　　　　圖 3-5-25 附圖

圖 3-5-26　　　　　　圖 3-5-26 附圖

八極拳珍傳

11.上步頂掌

上右步，頂右掌，左掌後塌，成馬步。（圖 3-5-27）

圖 3-5-27

12. 抽掌掛叉

擰腰，後撤右腿成虛步，右掌後抽撤，左掌從右臂上方滾塌下去，在右腿後撤、腳跟擦地後蹬的同時，兩掌下塌，左掌在左胯旁，右掌在襠前。（圖3-5-28至圖3-5-30）

圖3-5-28

圖3-5-29

圖3-5-29附圖

圖3-5-30

13.雙挑開門

上右步，挑右掌，上左步，挑左掌，斜身坐成左虛步，左掌在前，右掌在後，墜肘沉肩。（圖 3-5-31、圖 3-5-32）

圖 3-5-31

圖 3-5-52

圖 3-5-52 附圖

14.跨步抱肘

左腳往前跨步，雙肘坐力外撐，掌心向外，雙肘抱圓，成馬步。（圖3-5-33）

圖3-5-33

圖3-5-33附圖

15.轉腳挖眉

左掌從右腋下旋轉掏出，左腳提膝向後上方背步；然後上右步，接著左腿跟上併右腿，用腰一挫，右掌向斜右方猛然探出挖眉，左掌在右腋下，雙腿微屈。（圖3-5-34至圖3-5-37）

圖3-5-34

圖 3-5-34 附圖

圖 3-5-35

圖 3-5-36

圖 3-5-37

圖 3-5-57 附圖

16. 撣掌揣襠

左手撣腿，擰身撤左步，右掌從右耳根往下揣至襠中，左掌在右肩胛處，成馬步。（圖 3-5-38 至圖 3-5-40）

圖 3-5-38

圖 3-5-39

圖 3-5-40　　　　　　　　圖 3-5-40 附圖

17.捋手揣脇

撑腰，帶右腳成虛步，右掌上翻，左掌前推成捋手；
然後上右步，雙手揣脇，掌心朝外。（圖 3-5-41、圖 3-
5-42）

圖 3-5-41　　　　　　　　圖 3-5-42

圖 3-5-42 附圖

18. 托肘撩陰

左跨步，右步跟成虛步，左手反捋，右手托肘；然後右跨步，右手反捋，左手撩陰。（圖 3-5-43、圖 3-5-44）

圖 3-5-43

圖 3-5-43 附圖

圖 3-5-44　　　　　　　　圖 3-5-44 附圖

19.開手頂掌

　　左腳背步震腳，左掌向左橫開轉掌至頭頂；上右步頂右掌，成馬步。（圖 3-5-45、圖 3-5-46）

圖 3-5-45　　　　　　　　圖 3-5-45 附圖

圖 3-5-46 圖 3-5-46 附圖

20.左右撤掌

撤右步，頂左掌，撤左步，頂右掌，掌從臂上穿滾而出，成馬步。（圖 3-5-47 至圖 3-5-50）

圖 3-5-47 圖 3-5-48

第三章 八極拳的技術內容詳解

圖 3-5-48 附圖　　　　　　　　圖 3-5-49

八極拳珍傳

圖 3-5-49 附圖　　　　　　　　圖 3-5-50

21.小纏頂掌

雙手小纏至腹前，擰腰背步，上左步，頂左掌，右掌後塌。（圖 3-5-51、圖 3-5-52）

圖 3-5-51　　　　　　　　圖 3-5-51 附圖

圖 3-5-52　　　　　　　　圖 3-5-52 附圖

22.撤步砸捶

　　撤左步，砸右拳，虎口朝上，左拳後襯，成四六步。
（圖 3-5-53）

圖 3-5-53

23.彈腿反砸

擰腰，二起腳，反砸捶，左腳在前，右腳在後，左拳在前，右拳在後，成四六步。（圖 3-5-54、圖 3-5-55）

圖 3-5-54

圖 3-5-54 附圖

圖 3-5-55　　　　　圖 3-5-55 附圖

24.併步揣襠

左手反捋，右腿併左步，右拳從耳根處挫腰揣至襠前，左掌在右肩胛處，兩腿微屈。（圖 3-5-56、圖 3-5-57）

圖 3-5-56　　　　　圖 3-5-56 附圖

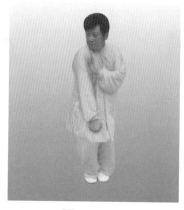

圖 3-5-57

25.彈腿反砸

　　左手反捋，右腿彈踢，反砸捶，右拳、右步在前，左拳、左步在後，成四六步。（圖 3-5-58、圖 3-5-59）

圖 3-5-58

圖 3-5-59

26.拉弓射虎

步不動，撐腰前傾，兩手如拉弓射箭，左拳平伸，右拳滾翻至右耳根側；眼看左拳。（圖3-5-60）

27.上步揣脇

右步往回一帶然後前衝，落步的同時，雙掌揣脇，掌心朝外，成馬步。（圖3-5-61、圖3-5-62）

圖3-5-60

圖3-5-61

圖3-5-61附圖

圖 3-5-62

28.擺手分掌

　　右腳貼左膝，右手纏擺，往回坐腰，右手拳，左手掌，掌上拳下，相距 10 公分，右肘外撐，成倒四六步；然後，擰身向左打右平拳，成弓步，在往回坐腰變馬步的同時，雙掌外塌，兩臂撐圓。（圖 3-5-63 至圖 3-5-66）

圖 3-5-63

圖 3-5-64

圖 3-5-65

圖 3-5-65 附圖

圖 3-5-66

29. 摞手頂捶

　　左腳貼右膝，左手纏摞，往回坐腰，左手拳，右手掌，掌上拳下，相距 10 公分；然後擰身向右打左平拳，成弓步。（圖 3-5-67 至圖 3-5-69）

圖 3-5-67

圖 3-5-68

圖 3-5-69

圖 3-5-69 附圖

30.插手提膝

　　右拳變掌，直插左拳上腕處穿出，雙手往回一裹的同時，猛提左膝，腳面繃平；左臂下垂，手變鵝頭，右掌在左肩胛處，全身團縮。（圖3-5-70至圖3-5-72）

圖 3-5-70

圖 3-5-71

圖 3-5-72

31.擰腰撩鵝

　　左腳向左前方跨步，擰腰塌背；左手鵝頭猛然向後撩出，右掌向上滾翻至頭頂上方；以眼看鵝頭。（圖 3-5-73、圖 3-5-74）

圖 3-5-73

圖 3-5-73 附圖

圖 3-5-74

32.轉身藏鵝

左步不動，右步收回併腿成虛步；左手變掌，翻至頭頂上方，右手變鵝頭，垂臂藏至襠前，全身團縮。（圖3-5-75）

圖3-5-75

圖3-5-75附圖

33.跨步兜鵝

右腿向右大步跨，鵝頭猛抖兜出，左手後塌成馬步。（圖3-5-76）

34.挺腰頂掌

步不動，左手撐腰向右頂掌，右掌後塌，成弓蹬步。（圖3-5-77）

圖3-5-76

圖 3-5-76 附圖

圖 3-5-77

35. 撤步頂掌

右步後撤，腳跟踹地的同時出右掌，左掌後塌，成弓蹬步。（圖 3-5-78、圖 3-5-79）

圖 3-5-78

圖 3-5-79

圖 3-5-79 附圖

36.盤手墜肘

收左步併右腿的同時，左手從右上方盤手墜肘握拳，右拳收至左肘下。（圖 3-5-80、圖 3-5-81）

圖 3-5-80

圖 3-5-80 附圖

圖 3-5-81

37. 收 勢

右腿後撤一步，左步後撤併右腿；雙手變掌，掌心從上往下塌至丹田，砸氣歸元。（圖 3-5-82）

圖 3-5-82

第六節 六大開

六大開是八極門絕技，意為先開門後進招，主要練的是開合力和腰胯的靈活和勁力。使用時招不離胯，前手擰鑽如螺旋，後肘發力催前手。沉肩、墜肘、鬆胯、合膝，結合衝闖步，使肩、肘、胯、膝、足、手都能攻擊。不招不架為上乘，招架進擊為中乘，招架躲閃為下乘。

1.頂

上左步、雙腿下蹲的同時，左手從右上方盤手墜肘握拳，右拳抱圓在左肘下，目視前方；然後右步向右跨一步，左腳貼右膝窩，右拳向右斜兜，虎口朝下，左拳在右腋下；然後左腿向左跨步，右腿貼左膝窩，右拳向前繃平，左拳在右腋下；然後上步震右腳，右拳纏頭，左腿跨出碾腳跟，頂左肘，往後繃右拳，成騎馬步；然後擰腰，兜右拳，再兜左拳，左拳纏頭，震左步，上右步，碾腳跟，右肘頂出，左拳向後繃出，成騎馬步（圖3-6-1至圖3-6-9）。以此類推，左右相同。

【要求】

腰要活，胯要合，震腳有聲，擰氣發力。

圖 3-6-1

圖 3-6-2

圖 3-6-3

圖 3-6-4

圖 3-6-5

圖 3-6-6　　　　　　　圖 3-6-7

圖 3-6-8　　　　　　　圖 3-6-9

2.抱

十趾抓地頭頂天，雙膝微屈，氣沉丹田，二目平視，雙拳抱圓在丹田；上左步，反臂劈掌，右步緊跟貼左膝

窩，斜劈右拳至左掌心內，右拳食指、拇指鬆開扣圓，後
三指扣緊，左腿下屈，身體前傾，然後震右步、上左步、
左掌前插下碾並抱肘，右掌後襯塌平，成馬步（圖3-6-10
至圖3-6-13）。以此類推，左右練法相同。

圖3-6-10

圖3-6-11

圖3-6-12

圖3-6-13

【要求】

貼膝削捶，體縮成團，震腳上步，抱肘炸腰。

3.單

十趾抓地頭頂天，雙膝微屈，氣沉丹田，二目平視，雙拳抱圓在丹田；上右步，探右掌，雙手畫圈緬掌；右腳橫踹的同時，左手成橫掌推出，右掌掌心朝上往後襯平；右腳落地的同時，上左步，左手擔，右掌下塌至襠，成騎馬步（圖3-6-14至圖3-6-17）。然後探左掌，雙手畫圈緬掌，左腳橫踹的同時，右手成橫掌推出，左掌掌心朝上往後襯平，左腳落地的同時，上右步，右手擔，左掌下塌至兩襠，成騎馬步。以此類推。

【要求】

手腳併動，肘手相合，踢不過膝。

圖3-6-14　　　　　圖3-6-15

圖 3-6-16　　　　　　　圖 3-6-17

4.提

十趾抓地頭頂天，雙膝微屈，氣沉丹田，二目平視，雙拳抱圓；上左步，猛提右膝，腳面要繃平，在提膝的同時，右拳自下而上猛挑至右耳根下，左掌在右腋處護脇，身成斜體，然後震右步，右拳下砸的同時，上左步頂左拳，右拳護脇，成

3-6-18

騎馬步（圖 3-6-18 至圖 3-6-21）。左提膝時上右步，再猛提左膝，腳面繃平，左拳自下而上猛挑至左耳根下，右掌護左脇，然後震左步，左拳下砸的同時，上右步，頂右拳，左拳護脇。以此類推。

圖 3-6-19

圖 3-6-20

圖 3-6-21

【要求】

坐腰拔頂，膝提肘合。

5.胯

十趾抓地頭頂天，雙膝微屈，氣沉丹田，雙目左視，

雙拳抱圓在丹田；左背步，斜劈左臂，擰身，右臂劈至胸前，雙臂交叉，掌心朝上；右步向右猛跨的同時，雙臂向後猛坐，成抱肘（圖 3-6-22 至圖 3-6-25）。然後背右步，劈右臂，擰身左臂劈至胸前，雙臂交叉，掌心朝上，

圖 3-6-22

圖 3-6-23

圖 3-6-24

圖 3-6-25

左步向左猛跨的同時，雙臂向後猛坐成抱肘，騎馬步。以此類推。

【要求】

肩鬆頂拔，旋腰炸肘。

6.纏

十趾抓地頭頂天，雙膝微屈，氣沉丹田，雙目左視，雙拳抱圓在丹田；左腳背步震腳的同時，左臂向上反擺手，右臂向上猛插，右腿向右跨的同時，右肘下坐，左手往上滾翻至頭頂上方成馬步（圖3-6-26至圖3-6-29）。

然後背右步，右臂向上反擺，左臂向上猛插，左腿向左跨的同時，左肘往下坐，右手往上滾翻至頭頂上方。以此類推。

【要求】

以腰帶手，開門要小，跨步要大，坐胯墜肘。

圖 3-6-26

圖 3-6-27

圖 3-6-28

圖 3-6-29

第七節　八極對接拳（對練）

　　八極對接拳是在習練八極拳套路的基礎上，二人進行對抗性操練的拳術，是體現八極拳實際應用的拳法。習練時要體現出對抗和實戰的特點。

　　註：黑方為甲，白方為乙。

1.氣沉丹田把式出

　　甲乙距離約四步，兩人相對，各站一方，含胸拔背，四目對視。（圖 3-7-1）

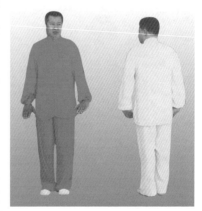

圖 3-7-1

2.形肘盤手成定勢

甲乙同時上左步併右步，雙腿下屈的同時，左手從右上方盤手墜肘握拳，右拳抱圓在左肘下；甲乙相對而視。（圖3-7-2）

3.左右繃拳不停歇

甲乙同時右步向右跨一步，左腳貼右膝窩；右拳向右斜兜，虎口朝下，左拳在右腋下；然後左腿向左跨步，右腳貼左膝窩，右拳向前繃平，左拳在右腋下。（圖3-7-3、圖3-7-4）

圖3-7-2

圖3-7-3

圖 3-7-4

4.繃手頂肘大步跨

甲乙同時上步震右腳;右拳纏頭,左步跨出碾腳跟,頂左肘,右拳向後繃出,成騎馬步;甲乙對視。(圖 3-7-5)

圖 3-7-5

5.十字扁打雙手捋

甲方上右步的同時，右臂猛抽乙方胸部，左臂抖直力後襯；乙方則同時上右步，雙手捋甲方右臂，右肘頂甲方右胸部，甲乙同為馬步。然後甲方步不動，擰腰，用左臂抽打乙方，右臂抖直後襯，成十字抽打；乙方也是步不動，向右擰腰，雙手捋甲方左臂，左肘頂甲方左胸部。（圖 3-7-6、圖 3-7-7）

圖 3-7-6

圖 3-7-7

6.二人揣脇不容情

甲乙雙方同時虛右步，猛然向對方脇部同時揣出，成騎馬步。（圖3-7-8、圖3-7-9）

圖 3-7-8

圖 3-7-9

7.托肘撩陰破雙撞

甲方右手托開乙方右肘的同時，震右腳，上左步，雙掌向乙方腹部撞擊；乙方步不動，右手托甲方左肘，同時擰腰左掌向甲方陰部撩掌，右掌襯力（注意：表演時應往丹田處擊打，以避免危險）。（圖 3-7-10 至圖 3-7-13）

圖 3-7-10

圖 3-7-11

圖 3-7-12

圖 3-7-13

8.轉身劈掌猛又凶

甲方左手下掛乙方撩陰手，同時上左腿，背步轉身斜劈乙方脖梗，左掌後襯；而乙方亦上左腿，背步轉身，右掌劈甲方脖梗，左掌後襯，雙方兩掌在空中相劈架合一起（甲乙同時起動），成馬步。（圖 3-7-14 至圖 3-7-16）

圖 3-7-14

圖 3-7-15

圖 3-7-16

9.左右大纏緊相連

甲方震右腳上左步，右手反手擺，左臂成立肘坐腰壓
乙方右臂；而乙方坐腰撤右步，同時左手猛推甲方左肩成
落步掌。緊跟著，甲方震左腳上右步，左手反手擺右臂成
立肘，坐腰壓乙方左臂，而乙方坐腰撤左步，同時，右掌
猛推甲方右肩成落步掌。（圖 3-7-17 至圖 3-7-20）

圖 3-7-17

圖 3-7-18

圖 3-7-19

圖 3-7-20

10.小纏掛叉靠山背

　　甲方雙手反纏乙方右手腕，同時上左步，左肘頂住乙方右肘往下壓，乙方則左手扣住甲方左手，同時右肘往上猛提，滾肘反纏甲方雙臂，然後猛抽出右手，向下推壓甲

方左肩部，右腳貼地往後蹬掛甲方左腿，甲方為防止被掛爬下，左腿往裏插，然後甲乙同時撤身成虛步，猛烈相撞（肩背相合腰胯相擊），甲方用左胯左背擊打，左臂在上，乙方用右胯右背擊打，右臂在下。（圖 3-7-21 至圖3-7-29）

圖 3-7-21

圖 3-7-22

圖 3-7-23

圖 3-7-24

圖 3-7-25

圖 3-7-26

圖 3-7-27

圖 3-7-28

11.撤步砸捶雙手架

乙方右臂猛挑甲方左臂；甲方撤左步，右拳向乙方頭

圖 3-7-29

圖 3-7-30

圖 3-7-31

部猛砸，左拳後襯；乙方則震右腳倒換左步在前，雙臂架住甲方之拳，左掌在上，右掌在下，成馬步。（圖 3-7-30、圖 3-7-31）

12.彈腿反砸雙手架

甲擰腰，二起腳，彈左腿，同時左拳反背砸，右拳後襯；乙方則側身，用雙掌拍擊甲方彈出的左腳面，緊跟著震左腳倒換右步在前，雙臂架住甲方之拳，右掌在上，左掌在下。（圖 3-7-32、圖 3-7-33）

圖 3-7-32

圖 3-7-33

13.轉身掏脇挖雙眉

甲方向左前方跨步併腿，右拳掏擊乙方左肋；乙方則用左掌掛開來拳，上左腿，左跨步併腿，右掌前探，挖取甲方雙眼，甲方用左掌架開。（圖 3-7-34、圖 3-7-35）

14.彈腿反砸雙手架

甲方左掌向上撩開乙方右掌，右腿猛向乙小腹彈踢，

圖 3-7-34

圖 3-7-35

圖 3-7-36

圖 3-7-37

跟著右拳反臂往下砸，左拳後襯；乙方則撤左步，雙掌拍
擊甲方右腳面，然後步不動，挺腰架住甲方來拳，左掌在
上，右掌在下。（圖 3-7-36、圖 3-7-37）

15.十字抽打雙手捋

甲方步不動，右拳後帶，擰腰，左臂抽打對方胸部，後手繃抖成十字形；乙方則步不動，擰腰，雙手捋甲左臂，左肘擊打甲方左胸部。（圖 3-7-38）

圖 3-7-38

16.二人揣脇不容情

甲乙二人同時撤身虛右步，同時進步往對方脇部揣擊。（圖 3-7-39、圖 3-7-40）

圖 3-7-39

圖 3-7-40

八極拳珍傳

17.左右大纏緊相連

　　乙方震右腳，上左步，右手反手撩，左臂成立肘，坐腰壓甲方右臂；甲方則坐腰，撤右步，右掌猛推乙方左肩，成落步掌；緊跟著，乙方震左腳，上右步，左手反手撩，右肘成立肘壓甲方左臂；甲方則坐腰，撤左步，右掌猛推乙方右肩，成落步掌。（圖 3-7-41 至圖 3-7-48）

圖 3-7-41

圖 3-7-42

圖 3-7-43

圖 3-7-44

圖 3-7-45　　　　　　　　　　圖 3-7-46

圖 3-7-47　　　　　　　　　　圖 3-7-48

18.小纏掛叉靠山背

　　乙方雙手反纏甲方右手腕，同時上左步，左肘頂住甲方右肘往下壓；甲方則左手扣住乙方右手，右肘往上猛提，滾肘反纏乙方雙臂，然後抽出右手，猛向下推壓乙方

圖 3-7-49

左肩部，右腳經後貼地蹬掛乙方左腿；乙方為防止被掛爬下，左腿前插；然後甲乙同時撤身成虛步，再進一步，猛然相撞（肩背相合，腰胯相擊），乙方用左胯左背擊打，左臂在上，甲方用右胯右背擊打，右臂在下。（圖 3-7-49至圖 3-7-54）

圖 3-7-50

圖 3-7-51　　　　　　　　　　圖 3-7-52

圖 3-7-53　　　　　　　　　　圖 3-7-54

19.撤步砸捶雙手架

　　甲方用右臂往上猛挑乙方右臂；乙方則撤左步，右拳
向甲方頭部猛砸，左拳後襯；甲方震右腳倒換，左步在

前，雙臂架住乙方來拳，左掌在上，右掌在下。（圖3-7-55、圖3-7-56）

圖3-7-55　　　　　　圖3-7-56

20.彈腿反砸雙手架

乙方擰腰，二起腳，彈左腿，同時左拳反背砸，右拳後襯；甲方則側身用雙掌拍擊乙方彈出的左腳面，緊跟著震左腳倒換，右步在前，雙臂架住乙方之拳，右拳在上，左掌在下。（圖3-7-57、圖3-7-58）

21.轉身掏脇挖雙眉

乙方向左前方跨步併腿，右掌掏擊甲方左脇；甲方則用左掌掛開來掌，上右步，左跨步併腿，右掌前探挖取乙方雙眼；乙方則用左掌架開。（圖3-7-59、圖3-7-60）

圖 3-7-57

圖 3-7-58

圖 3-7-59

圖 3-7-60

22.彈腿反砸雙手架

乙方左掌向上撩開甲方右掌，右腿猛向甲方小腹彈

圖 3-7-61

圖 3-7-62

踢，跟著右拳反臂往下砸，左拳後襯；甲方則撤左步，雙
掌拍擊乙方右腳面，然後步不動，挺腰架住乙方來拳，左
掌在上，右掌在下。（圖 3-7-61、圖 3-7-62）

23.十字抽打雙手捋

乙方步不動，右拳後帶，擰腰，左臂抽打對方胸部，後手繃抖成十字形；甲方則步不動，擰腰，雙手捋乙左臂，左肘擊打對方左胸部。（圖3-7-63）

圖3-7-63

24.二人揣脇不容情

甲乙二人同時撤身虛右步，同時進步往對方脇部揣擊。（圖3-7-64、圖3-7-65）

圖3-7-64

圖 3-7-65

25.貼膝摞手雙分掌

甲乙雙方同時右腳貼左膝窩，右手纏摞，往回坐腰，右手拳，左手掌，掌心相對；然後挺腰，打右平拳，往回撤臂的同時，擰腰、坐胯，雙掌下塌，兩臂撐圓。（圖 3-7-66 至圖 3-7-69）

圖 3-7-66

圖 3-7-67

圖 3-7-68

圖 3-7-69

26. 摞手頂捶猛提膝

甲乙同時左腳貼右膝窩，左手纏摞，往回帶腰，左手拳，右手掌，掌心相對，然後擰腰，打左平拳，成弓蹬

圖 3-7-70

圖 3-7-71

步；緊跟著右拳變掌，直插左拳手腕處，雙手往回捲的同
時，猛提左膝，腳面繃平，左手變鵝頭，臂下垂，右掌在
左肩胛處。（圖 3-7-70 至圖 3-7-74）

圖 3-7-72　　　　　　　　圖 3-7-73

圖 3-7-74

27.跨步撩鵝急如星

甲乙左腳同時向左前方跨步，擰腰塌背，左手鵝頭猛向後方撩擊，右掌向上滾翻至頭頂上方，鵝頭相抵，四目對視。（圖 3-7-75）

圖 3-7-75

28.轉身藏鵝跨步兜

甲乙同時左步不動，轉身右步回撤併腿，成虛步，左手變掌在頭頂上方，右手變鵝頭，垂臂藏至襠前；緊跟著右腿向右跨大步，鵝頭猛抖而出，鵝頭相抵，四目對視。（圖 3-7-76、圖 3-7-77）

圖 3-7-76

圖 3-7-77

29.撤步頂掌步連環

甲乙同時步不動，左手摶腰向右頂掌，右掌後塌成弓蹬步；然後，右步後撤頂右掌，左掌後塌成弓蹬步。（圖 3-7-78 至圖 3-7-80）

圖 3-7-78

圖 3-7-79

圖 3-7-80

30.盤手墜肘屈雙膝

甲乙收左步併右腿的同時，雙腿下屈，左手從右上方往回盤手，墜肘握手，右拳在左肘下，雙目左視。（圖 3-7-81）

圖 3-7-81

31.撤腿併步慢收式

甲乙同時右腿後撤一步，接著左腿撤步併右腿，雙手變掌，掌心向下，自上而下塌至丹田。（圖 3-7-82）

33.意念回收氣歸元

收回意念，兩臂自然下垂，全身放鬆，呼吸自然。圖同 3-7-82。

圖 3-7-82

第四章

八極拳的器械簡介

八極門的器械很多，尤以六合大槍和行者棒最為出名。由於各代傳人不斷發展和豐富八極門的器械，種類很多，但還是以槍為主，刀、劍、棍也極負盛名。

一、六合大槍

六合大槍是八極門器械之首。習練時要求做到心與意合、意與手合、手與步合、步與槍合、槍與腰合、腰與力合，為六合。

六合大槍的主要槍法有：纏、提、抽、抱、閃、代、撐、擁、劈、拿、剁、挫、挑、崩、提、勾、紮、滑、攪等。

擰槍花是六合槍的基礎（提、拿、紮）。以腰為軸，後手擰扣合之，槍圈不宜過大，以防住自身為目的。練槍圈時，步手一合，腰一轉，後手擰勁向前鑽，突要猛，抽要急，直出直入步相隨，身如弓，槍如箭，來回抽撤不見面。

八極槍和其他門的槍有顯著不同，一看便知。八極門的槍，前手如托架，後手握槍，槍根抵掌心，手仰翻槍，槍不離脇。

六合槍的主要招式如下：

出勢（圖 4-1-1、圖 4-1-2）

1.提肘代環（圖 4-1-3、圖 4-1-4）

圖 4-1-1

圖 4-1-2

圖 4-1-3

第四章 八極拳的器械簡介

圖 4-1-4

2. 雙花進槍（圖 4-1-5 至圖 4-1-7）

3. 左右撥挑（圖 4-1-8、圖 4-1-9）

圖 4-1-5

圖 4-1-6

圖 4-1-7

圖 4-1-8

圖 4-1-9

4.雙花進槍（圖 4-1-10 至圖 4-1-12）

5.蘇秦背劍（圖 4-1-13 至圖 4-1-16）

圖 4-1-10

圖 4-1-11

圖 4-1-12

圖 4-1-13

圖 4-1-14

圖 4-1-15

圖 4-1-16

6.單花進槍（圖 4-1-17、圖 4-1-18）

7.盤肘花（圖 4-1-19 至圖 4-1-22）

圖 4-1-17

圖 4-1-18

圖 4-1-19

圖 4-1-20

圖 4-1-21

圖 4-1-22

8. 單花進槍（圖 4-1-23、圖 4-1-24）

9. 穿梭槍（圖 4-1-25 至圖 4-1-30）

圖 4-1-23

圖 4-1-24

圖 4-1-25

圖 4-1-26

圖 4-1-27

圖 4-1-28

圖 4-1-29

圖 4-1-30

10. 單花進槍（圖 4-1-31、圖 4-1-32）

11. 轉身斜盤槍（圖 4-1-33 至圖 4-1-36）

圖 4-1-31

圖 4-1-32

圖 4-1-33

圖 4-1-34

圖 4-1-35

圖 4-1-36

12. 雙花進槍（圖 4-1-37 至圖 4-1-39）

13. 攪柱盤雲槍（圖 4-1-40 至圖 4-1-45）

圖 4-1-37

圖 4-1-38

圖 4-1-39

圖 4-1-40

圖 4-1-41

圖 4-1-42

圖 4-1-43

圖 4-1-44

圖 4-1-45

14. 雙花進槍（圖 4-1-46 至圖 4-1-48）

15. 十字槍（圖 4-1-49 至圖 4-1-51）

圖 4-1-46

圖 4-1-47

圖 4-1-48

圖 4-1-49

圖 4-1-50

圖 4-1-51

16. 澗步回步槍（圖 4-1-52 至圖 4-1-54）

17. 箭步出槍（圖 4-1-55、圖 4-1-56）

圖 4-1-52

圖 4-1-53

八極拳珍傳

圖 4-1-54

圖 4-1-55

圖 4-1-56

18. 挑鑽（圖 4-1-57、圖 4-1-58）

19. 倒步盤根槍（圖 4-1-59）

20. 翻身平槍（圖 4-1-60、圖 4-1-61）

圖 4-1-57

圖 4-1-58　　　　　圖 4-1-59

圖 4-1-60

圖 4-1-61

21. 摔條平槍（圖 4-1-62）
22. 抱魚槍（圖 4-1-63、圖 4-1-64）
23. 反身摔槍（圖 4-1-65、圖 4-1-66）

圖 4-1-62

圖 4-1-63

八極拳珍傳

圖 4-1-64

圖 4-1-65

圖 4-1-66

24. 穿梭槍（圖 4-1-67 至圖 4-1-69）
25. 雙花進槍（圖 4-1-70 至圖 4-1-72）
26. 撤步盤頭橫繝槍（圖 4-1-73 至圖 4-1-77）

圖 4-1-67

圖 4-1-68

八極拳珍傳

圖 4-1-69

圖 4-1-70

圖 4-1-71

圖 4-1-72

圖 4-1-73

圖 4-1-74

圖 4-1-75

圖 4-1-76

圖 4-1-77

27. 貼身挑槍（圖 4-1-78、圖 4-1-79）

28. 反把絞柱（圖 4-1-80）

29. 上步反扣（圖 4-1-81）

圖 4-1-78

圖 4-1-79

八極拳珍傳

圖 4-1-80

圖 4-1-81

30. 兩步三扣（圖 4-1-82 至圖 4-1-84）
31. 左手平槍（圖 4-1-85）
32. 曲步雙攪（圖 4-1-86、圖 4-1-87）

圖 4-1-82

圖 4-1-83

圖 4-1-84

八極拳珍傳

圖 4-1-85

圖 4-1-86

圖 4-1-87

33. 抱肘花（圖 4-1-88）
34. 上步背槍（圖 4-1-89、圖 4-1-90）
35. 收勢（圖 4-1-91）

圖 4-1-88

圖 4-1-89

圖 4-1-90

圖 4-1-91

二、震山棍（行者棒）

1.拉棍定勢（圖 4-2-1 至圖 4-2-4）

圖 4-2-1

圖 4-2-2

圖 4-2-3

圖 4-2-4

2. 繞肩斜抽（圖 4-2-5、圖 4-2-6）

3. 左步斜抽（圖 4-2-7、圖 4-2-8）

4. 左右撩棍（圖 4-2-9 至圖 4-2-14）

5. 上步盤頭拉棍（圖 4-2-15 至圖 4-2-25）

圖 4-2-5

圖 4-2-6

圖 4-2-7

圖 4-2-8

圖 4-2-9

圖 4-2-10

八極拳珍傳

圖 4-2-11

圖 4-2-12

圖 4-2-13

圖 4-2-14

圖 4-2-15

圖 4-2-16

八極拳珍傳

圖 4-2-17

圖 4-2-18

圖4-2-19

圖4-2-20

圖4-2-21

圖 4-2-22

圖 4-2-23

圖 4-2-24

圖 4-2-25

6. 雙攬棍（圖 4-2-26 至圖 4-2-33）

7. 左右摔條（圖 4-2-34 至圖 4-2-37）

圖 4-2-26

圖 4-2-27

圖 4-2-28

圖 4-2-29

圖 4-2-30

圖4-2-31

圖4-2-32

圖4-2-33

圖4-2-34

圖 4-2-35

圖 4-2-36

圖 4-2-37

8. 左右盤花（圖 4-2-38 至圖 4-2-44）

9. 繞步挑砸（圖 4-2-45 至圖 4-2-51）

圖 4-2-38

圖 4-2-39

圖 4-2-40

圖 4-2-41

圖 4-2-42

圖 4-2-43

圖 4-2-44

圖 4-2-45

圖 4-2-46

圖 4-2-47

圖 4-2-48

圖 4-2-49

圖 4-2-50

圖 4-2-51

10. 攔腰棍（圖 4-2-52 至圖 4-2-55）

11. 點膝（圖 4-2-56 至圖 4-2-59）

圖 4-2-52　　　　　　　圖 4-2-53

圖 4-2-54

圖 4-2-55

圖 4-2-56

圖 4-2-57

圖 4-2-58

圖 4-2-59

12. 掃蹚棍（圖 4-2-60 至圖 4-2-69）

13. 悟空問路（圖 4-2-70 至圖 4-2-79）

圖 4-2-60

圖 4-2-61

圖 4-2-62

圖 4-2-63

圖 4-2-64

圖 4-2-65

八極拳珍傳

圖 4-2-66

圖 4-2-67

圖 4-2-68　　　　　　　　圖 4-2-69

圖 4-2-70　　　　　　　　圖 4-2-71

圖 4-2-72

圖 4-2-73

圖 4-2-74

圖 4-2-75

圖 4-2-76

圖 4-2-77

圖 4-2-78

圖 4-2-79

14. 滾把棍（圖 4-2-80 至圖 4-2-83）

15. 上步斜抽（圖 4-2-84、圖 4-2-85）

圖 4-2-80

圖 4-2-81

圖 4-2-82

圖 4-2-83

圖 4-2-84

圖 4-2-85

16. 坐步抽（圖 4-2-86 至圖 4-2-88）

17. 盤腰棍（圖 4-2-89、圖 4-2-90）

圖 4-2-86

圖 4-2-87

圖 4-2-88

圖 4-2-89

圖 4-2-90

18. 白猿降香（圖 4-2-91 至圖 4-2-94）

19. 左撩棍（圖 4-2-95 至圖 4-2-98）

圖 4-2-91

圖 4-2-92

圖 4-2-93　　　　　　圖 4-2-94

圖 4-2-95

圖 4-2-96

圖 4-2-97

圖 4-2-98

20. 右撩棍（圖 4-2-99 至圖 4-2-103）

21. 左右兩點棍（圖 4-2-104、圖 4-2-105）

圖 4-2-99　　　　　　圖 4-2-100

圖 4-2-101

圖 4-2-102

圖 4-2-103

圖 4-2-104

圖 4-2-105

22. 盤肩滾把抽條（圖 4-2-106 至圖 4-2-118）

23. 空盤下砸（圖 4-2-119 至圖 4-2-121）

圖 4-2-106

圖 4-2-107

圖 4-2-108

圖 4-2-109

圖 4-2-110

圖 4-2-111

八極拳珍傳

圖 4-2-112

圖 4-2-113

圖4-2-114

圖4-2-115

圖4-2-116

圖 4-2-117

圖 4-2-118

圖 4-2-119

圖 4-2-120

圖 4-2-121

24.上盤棍（圖 4-2-122 至圖 4-2-126）

25.轉身盤花（圖 4-2-127 至圖 4-2-137）

26.拉棍收勢（圖 4-2-138、圖 4-2-139）

圖 4-2-122

圖 4-2-123

圖 4-2-124

圖 4-2-125

圖 4-2-126

圖 4-2-127

圖4-2-128

圖4-2-129

圖4-2-130

圖 4-2-131

八極拳珍傳

圖 4-2-132

圖 4-2-133

圖 4-2-134

圖 4-2-135

圖 4-2-136

圖 4-2-137

八極拳珍傳

圖 4-2-138

圖 4-2-139

三、大六合刀（動作名稱）

1. 抱刀定勢	2. 屈膝指掌
3. 倒步刺刀	4. 屈步撩刀
5. 盤肩刀	6. 躥步斜劈
7. 左右十字刀	8. 平抹刀
9. 提膝挑刀	10. 躥步刺刀
11. 斜劈藏刀	12. 臥剪三刀
13. 上步劈刀	14. 屈身壓刀
15. 轉身散刀	16. 分刀
17. 白猿獻果	18. 轉身藏刀
19. 纏頭劈刀	20. 叉背三刀
21. 曲步轉身刺	22. 上步盤刀
23. 背花刀	24. 旋風腳
25. 前撩刀	26. 上步雙纏頭
27. 交刀收勢	

四、小六合刀（動作名稱）

1. 拉刀	2. 形步叉刀
3. 背肩刀	4. 合手架樑
5. 推月立門刀	6. 攔腰望月
7. 竄雲散刀	8. 踢刺刀
9. 抽樑立門刀	10. 轉身壓滾摔刀
11. 釣魚刀	12. 壓滾刀
13. 雲刀	14. 腋裏藏刀
15. 三撩刀	16. 腋裏藏刀

17. 左右托刀　　　　　18. 雙手壓刀

19. 臥剪劈刀　　　　　20. 立臂刀

21. 撩坐分刺　　　　　22. 轉身散刀

23. 抱刀收勢

五、萬勝刀（雙刀）（動作名稱）

1. 出勢　　　　　　　2. 雙散刀獨立勢

3. 緬刀　　　　　　　4. 雙纏頭叉背

5. 倒步過腦　　　　　6. 雙盤肘

7. 左右撩刀　　　　　8. 平叉刀

9. 屈身壓刀　　　　　10. 分領刀

11. 大叉花　　　　　　12. 撒步分刀

13. 野馬分鬃　　　　　14. 劈刀鳳點頭

15. 臥雲刀　　　　　　16. 磨盤刀

17. 左右撩刀　　　　　18. 鎖刀

19. 雙雲刀　　　　　　20. 小叉花

21. 雙閃刀　　　　　　22. 撩刺刀

23. 小臥雲刀　　　　　24. 雙抱刀

25. 雙盤花　　　　　　26. 獨立勢

27. 撒步扣刀　　　　　28. 抱刀收勢

六、月霞劍（動作名稱）

1. 背劍出勢　　　　　2. 領決抱劍

3. 繞步點劍　　　　　4. 攔訣後劈

5. 滾步刺劍　　　　　6. 抹面盤根

7. 盤頂花　　　　　　8. 仙人指路

9. 反劈連點   10. 擁手兜劍

11. 偏劍左分刺   12. 右分刺

13. 划手撩劍   14. 屈身平劍

15. 白鶴亮翅   16. 轉身分劍

17. 閃腰左劈劍   18. 右劈劍

19. 左抹劍   20. 右抹劍

21. 叉訣劈劍   22. 織女穿梭

23. 黃龍臥道   24. 叉盤劍

25. 左撩劍   26. 右撩劍

27. 丹鳳朝陽   28. 左竄劍

29. 右竄劍   30. 叉劈劍

31. 倒背劈劍   32. 捧刺

33. 翻身劍   34. 背劍收勢

七、青萍劍（動作名稱）

1. 仙人指路   2. 左右步摘劍

3. 平兜劍   4. 分劍平刺

5. 左右臥劍接平兜   6. 提膝三攪劍

7. 提膝下刺   8. 烏龍三擺尾

9. 左撩右撩獨立勢

10. 後劈、前刺、後撩、臥劍、上步劈 (五勢連續不停)

11. 黃龍臥道   12. 分劍下壓

13. 轉身分劍下蹲勢 (左右兩個) 14. 繞步橫掃劍

15. 上步平刺   16. 摘步點劍

17. 上步斜劈   18. 滾肘迭身刺

19. 坐步三劍   20. 平刺劍

21. 白鶴亮翅　　　　　　　22. 上右步撩劍

23. 探海勢　　　　　　　　24. 三撅劍

25. 轉身盤肘三劍　　　　　26. 喜鵲登枝

27. 虛步收劍　　　　　　　28. 平刺上步後撩

29. 上步三劈劍　　　　　　30. 左右托劍

31. 插訣劈劍　　　　　　　32. 倒步劈劍

33. 分劍平刺　　　　　　　34. 坐腰劍出訣

35. 背劍收勢

八、雙鉤（動作名稱）

1. 雁翅分鉤　　　　　　　2. 雙鉤獻月

3. 抽樑換柱　　　　　　　4. 形步獻鉤

5. 三步推鉤　　　　　　　6. 十字摟鉤

7. 雙偏月　　　　　　　　8. 三步旋鉤

9. 狸貓捕鼠　　　　　　　10. 撩挑刺三鉤

11. 鷂子翻身　　　　　　　12. 趨身獻月

13. 倒步雲鉤　　　　　　　14. 倒箭步撲鉤

15. 磨盤鉤　　　　　　　　16. 狸貓捕鼠

17. 三步雲鉤　　　　　　　18. 倒箭步撲鉤

19. 趨身獻月　　　　　　　20. 摟鉤上步雙刺

21. 形步三鉤　　　　　　　22. 雁翅分鉤

23. 收　勢

第五章

八極拳與劈掛掌

由於八極拳過於剛猛，人們在訓練中加上了劈掛掌，形成陰陽互補，剛柔相濟，將八極拳提升到更加完美的境地，因此有「八極加劈掛，神鬼都害怕；劈掛摻八極，英雄歎莫及」的美譽。

八極之拳如銅錘，勇不可擋，劈掛之掌似刀刃，矯捷難防。八極中摻劈掛，則可擊近打遠；劈掛防守摻八極，長短皆宜。八極之威猛如虎，劈掛之勢似雄鷹。八極熊步虎爪，定如熊，動如虎，劈掛則鷹翅蛇腰，擊如鷹，轉如蛇。八極無劈掛，難盡其妙；劈掛無八極，尤恐不保其源本之基。因此，習練八極拳，必須以劈掛掌輔之，方為完善。

第一節　大劈掛掌

1.燕形分掌

左跨步、右跨步成三角形；雙手隨步平分下塌；雙腿併攏，身軀微傾，眼視左方。（圖5-1-1至圖5-1-4）

圖 5-1-1　　　　　　　　　　圖 5-1-2

圖 5-1-3　　　　　　　　　　圖 5-1-4

2.撤步抽膝

左腿後撤；雙臂從右向左抱圓，右掌抽打左踝骨上方，左臂向後直伸；抬頭前視，弓箭步。（圖 5-1-5、圖

圖 5-1-5

圖 5-1-6

5-1-6）

3. 翻身抽膝

　　左腳不動，腳底一碾，反身雙臂從左向右抱圓；左腿下屈，右腿提膝，腳面繃平；左掌抽至右腳踝骨上方。（圖 5-1-7）

圖 5-1-7

4.金雞獨立

上右步，提左膝；右
掌向右上方直插，左掌在
右腋下；目視左側。（圖
5-1-8）

5.穿雲挑掌

左掌隨左步一同下撲
掌，貼地面向左穿插而
出；上右步，貼身挑右

圖 5-1-8

掌，再上左步，貼身挑左掌，以腰帶臂，連續不斷。（圖
5-1-9 至圖 5-1-12）

八極拳珍傳

圖 5-1-9

圖 5-1-10

圖 5-1-11　　　　　　　　圖 5-1-12

6.單通背

　　上右步，左掌抽右膝，右臂往後直伸；抬頭前視。
（圖 5-1-13、圖 5-1-14）

圖 5-1-13　　　　　　　　圖 5-1-14

圖 5-1-15

圖 5-1-16

7.撤步撩陰

抽身撤右步,反臂向後撩陰。(圖 5-1-15、圖 5-1-16)

8.白鶴亮翅

緊接後撩陰。轉身提右膝,雙掌揮膝,向兩邊分形成直立掌。(圖 5-1-17)

圖 5-1-17

9.抽身分手牛頭撞

轉身撤右步,雙手在頭頂一分變拳,上左步斜身撞出,頭在兩臂間,右拳在上,左拳在下。(圖 5-1-18、圖 5-1-19)

圖 5-1-18　　　　　　　　圖 5-1-19

10.鴻雁展翅

　　步不動，轉身擰腰分雙掌，雙臂分平，掌心朝前，成
弓箭步。（圖 5-1-20）

圖 5-1-20

11. 三環抱月

右掌後撩，撤右步，斜插左腿向下盤坐的同時，兩臂畫圈抄月抱肩。連續做三次。（圖5-1-21至圖5-1-26）

圖 5-1-21

圖 5-1-22

圖 5-1-23

圖 5-1-24

圖 5-1-25　　　　　　　　　圖 5-1-26

12.左右抽掌

左臂橫抽掌，右掌削至左掌心。（圖 5-1-27、圖 5-1-28）

圖 5-1-27　　　　　　　　　圖 5-1-28

13.上步頂掌

震左步，上右步，頂右
掌。（圖 5-1-29）

圖 5-1-29

14.左右撩陰托雲掌

左腳向左後方撤的同時，左掌反臂撩出，右步緊跟，
右掌貼身撩出，然後猛轉身，身體直立，左掌向上翻至頭
頂，右掌貼身下塌，右腳尖虛點，拔頂前視。（圖 5-1-30
至圖 5-1-33）

圖 5-1-30

圖 5-1-31

圖 5-1-32

圖 5-1-33

15.屈身推掌

左掌貼身後撩，右掌貼左身後撩反抽，左掌順右臂推出成橫掌，右掌後塌成左虛步。（圖 5-1-34 至圖 5-1-37）

圖 5-1-34

圖 5-1-35

第五章　八極拳與劈掛掌

圖 5-1-36

圖 5-1-37

16.形步五雷掌

連續三個形步，身子猛然躍起，空中彈右腿，在落地的同時，右掌擊地，左掌後塌，成四六步。（圖 5-1-38至圖 5-1-42）

圖 5-1-38

圖 5-1-39

圖 5-1-40

圖 5-1-41

圖 5-1-42

17.翻身十字抽

猛翻身撤右步，兩臂從左向右抱圓，右掌抽至左踝骨上方，左臂向後伸直，抬頭前視。（圖 5-1-43 至圖 5-1-46）

圖 5-1-43　　　　　　　　圖 5-1-44

八極拳珍傳

圖 5-1-45　　　　　　　　圖 5-1-46

18.反身橫掌

　　步不動，撐腰反身，向後橫開右掌，左掌後塌。（圖
5-1-47）

圖 5-1-47

圖 5-1-48

圖 5-1-49

圖 5-1-50

19. 左右三開掌

　　上左步，左掌外開，右掌後塌；上右步，右掌外開，左掌後塌；再上左步，左掌外開，右掌後塌，三式不停，雞斗步。（圖 5-1-48 至圖 5-1-50）

20.上步竄掌

上右步，右掌向右上方穿插而出，左掌在右腋下，左腿提膝，眼朝左視。（圖 5-1-51 至圖 5-1-53）

圖 5-1-51

圖 5-1-52

圖 5-1-53

21.通背三掌

左腿向左插，左掌貼左腿挑掌，再上右步，貼身挑右掌，再上左步，貼身挑左掌，再上右步，貼身挑右掌。（圖 5-1-54 至圖 5-1-57）

圖 5-1-54

圖 5-1-55

圖 5-1-56

圖 5-1-57

22.轉身扒掌

轉身上右步，同時雙掌下扒，弓箭步。（圖5-1-58）

圖5-1-58

圖5-1-59

圖5-1-60

圖5-1-61

23.元寶三挑掌

上左步，雙掌雲手，上右步，挑右掌，左掌後塌成虛步；背右步，雲手挑左掌成虛步；背右步，雲手挑右掌成虛步。（圖5-1-59至圖5-1-65）

圖5-1-62

圖5-1-63

圖5-1-64

圖5-1-65

24.轉身搓步三挑掌

　　轉身，右腳向對方小腿迎面骨搓踢，右掌從下而上再向後畫圈、再向前挑，左掌自下而上畫圈挑掌，連搓踢三腳，招式相同。（圖5-1-66至圖5-1-71）

圖5-1-66

圖5-1-67

圖5-1-68

圖5-1-69

圖 5-1-70　　　　　　圖 5-1-71

25.轉身挑掌

　　搓三腳後步不落地猛轉身，右掌挑出，左掌後挑，右前左後成弓箭步。（圖 5-1-72）

圖 5-1-72

26.上步鎖手

上左步雙掌裏鎖對方之手往自己丹田處帶。（圖 5-1-73、圖 5-1-74）

圖 5-1-73

圖 5-1-74

27.上步挑掌抽六穴

上右步，挑右掌，再上左步，挑左掌，猛抽六穴，右掌抽至左脇下，左掌抽至右胸部。（圖 5-1-75 至圖 5-1-77）

圖 5-1-75

圖 5-1-76　　　　　　圖 5-1-77

28.挑掌十字抽

　　上右步，挑右掌，上左步，挑左掌，右掌抽至左踝上方，左掌向後伸直；前視，弓箭步。（圖 5-1-78 至圖 5-1-80）

圖 5-1-78　　　　　　圖 5-1-79

圖 5-1-80

圖 5-1-81

圖 5-1-82

圖 5-1-83

29.轉身虛步亮掌

右掌前挑，轉身坐步，左掌在前，右掌後塌，成虛步，目視前方。（圖 5-1-81 至圖 5-1-85）

圖 5-1-84

圖 5-1-85

圖 5-1-86

圖 5-1-87

30.挑掌削捶

上右步，挑右掌，上左步，挑左掌，右捶削至左掌心。（圖 5-1-86 至圖 5-1-88）

圖 5-1-88

圖 5-1-89

八極拳珍傳

31.崩拳坐肘

步不動，身體往後坐，成虛步；同時右掌向後崩，左肘向前頂。（圖 5-1-89）

32.摞手箭步捶

背左步，左手摞，上右步插左腿，雙拳向身後下方擊打，左拳在上，右拳在下；目隨拳走，成斜倒弓箭步。（圖 5-1-90 至圖 5-1-92）

圖 5-1-90

圖 5-1-91　　　　　　　圖 5-1-92

33.轉身削掌

步不動，身體向左擰轉一周，同時右掌削至左掌心。
（圖 5-1-93、圖 5-1-94）

圖 5-1-93　　　　　　　圖 5-1-94

34.反手開掌

步不動，右掌猛力向右
橫開，左掌後塌，斜身弓
步。（圖 5-1-95）

35.提手栽捶

提左膝，右手攔，上左
步，雙拳栽擊，右拳在上，
左拳在下，同時右腿貼左
腿，成虛步側身栽。（圖
5-1-96、圖5-1-97）

圖 5-1-95

36.十字摟掌

回身右手揮，撤右步，上左腿，走形步，右掌摟膝，
上右步，左掌摟膝，再上左步，右掌再摟膝。（圖 5-1-98

八極拳珍傳

圖 5-1-96

圖 5-1-97

至圖 5-1-100）

37.側身亮翅

上右步，左摔腰，雙手分掌，雙臂塌圓，左腳成虛步，右腿下屈，斜身左側如白鶴亮翅。（圖 5-1-101、圖5-1-102）

圖 5-1-98

圖 5-1-99

圖 5-1-100

圖 5-1-101

圖 5-1-102

圖 5-1-103

圖 5-1-104

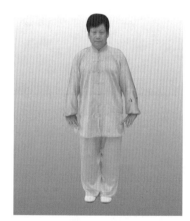

圖 5-1-105

38.撤步收勢

左腳後撤右步跟，雙腿併攏，雙掌自上向下壓至丹田，砸氣歸元。（圖 5-1-103 至圖 5-1-105）

第二節　小劈掛掌

1.燕形分手

左跨步，右跨步成三角形；雙手隨步平分下塌；雙腿併攏，身軀微傾；眼視左側。（圖5-2-1至圖5-2-4）

2.撤步抽膝

左腿後撤；兩臂自右向左掄圓，右掌抽至左踝骨上方，左掌向後伸直；抬頭前視，成弓箭步。（圖5-2-5、圖5-2-6）

圖5-2-1

圖5-2-2

圖5-2-3

圖 5-2-4　　　　　　　　圖 5-2-5

圖 5-2-6　　　　　　　　圖 5-2-7

3.挺腰點掌

步不動；挺腰點左掌，右掌上翻後視，騎馬步。（圖5-2-7）

圖 5-2-8

圖 5-2-9

圖 5-2-10

圖 5-2-11

4.左右削掌

左跨步，削右掌，左掌上翻；跨右步，削左掌，右掌上翻。（圖 5-2-8、圖 5-2-9）

5.雙鋒貫耳

兩前臂纏頭畫圈，上左步，雙掌合擊貫敵雙耳。（圖
5-2-10、圖5-2-11）

6.十字抽掌

轉身，掄右臂帶左
臂；上左步，右掌抽右踝
骨上方，左臂向下伸直；
抬頭前視。（圖5-2-12
至圖5-2-14）

圖5-2-12

八極拳珍傳

圖5-2-13

圖5-2-14

7.上步塌掌

上右步，提雙掌，墜雙肘，右步併左腿的同時，屈步坐腰雙塌掌。（圖 5-2-15、圖 5-2-16）

圖 5-2-15

圖 5-2-16

8.撩手削捶

右步後撤，右掌向右上方撩出，然後右腳併左腳成虛步，右手變拳往下削捶至左掌心。（圖 5-2-17、圖 5-2-18）

9.低射虎

右跨步，右拳屈臂向上滾翻，右撤腰，左拳平著向斜下方出擊，如拉弓射虎。（圖 5-2-19）

圖 5-2-17　　　　　　　圖 5-2-18

圖 5-2-19

10.箭步掤捶

　　右手橫開，上左步，跟右步，成倒箭步；雙捶貼右身向斜下方掤打，右臂直，左臂屈；擰身看右拳。（圖 5-2-

圖 5-2-20　　　　　　圖 5-2-21

20、圖 5-2-21）

11.轉身橫掌

　　步不動，猛轉身擰腰，橫開右掌，左掌後襯成斜步。
（圖 5-2-22）

圖 5-2-22

12.提膝震腳

提右膝，抬右臂肘向下，左手托右肘；右腳猛向下震，左手托右拳落至丹田處。（圖 5-2-23 至圖 5-2-25）

圖 5-2-23

圖 5-2-23 附圖

圖 5-2-24

圖 5-2-25

13.開手削捶

上右步，成弓步，左右手橫開，上左步成虛步，右掌向左下方猛削，與左掌相合。（圖5-2-26、圖5-2-27）

圖5-2-26

圖5-2-27

14.元寶三挑掌

上左步，雙掌雲手，上右步，挑右掌，左掌後塌成虛步；背右步，立手挑左掌成虛步；背右步，雲手挑右掌成虛步。（圖5-2-28至圖5-2-34）

圖5-2-28

圖 5-2-29

圖 5-2-30

八極拳珍傳

圖 5-2-31

圖 5-2-32

圖 5-2-33   圖 5-2-34

15.左右連環劈

　　左掌向前劈，右掌後襯，前後成一字，右步在前成弓
步；上左步，右手向左腳踝處斜劈。（圖 5-2-35、圖 5-
2-36）

圖 5-2-35   圖 5-2-36

16. 翻身虎抱頭

上身抬起，雙手抱圓，雙手抱肩，右步撤回成虛步。（圖 5-2-37、圖 5-2-38）

圖 5-2-37

圖 5-2-38

17. 穿手五雷掌

連續三個形步，身子猛然躍起，空中彈右腿，在落地的同時，右掌擊地，左掌後塌，成四六步。（圖 5-2-39 至圖 5-2-43）

圖 5-2-39

圖5-2-40

圖5-2-41

圖5-2-42

圖5-2-43

18.翻身十字抽

　　猛翻身，撤右步，兩臂從左向右抱圓，右掌抽至左踝骨上方，左臂向後伸直，抬頭前視。（圖5-2-44至圖5-2-46）

19.翻身虎抱頭

　　上身抬起，雙手抱圓，雙手抱肩，右步撤回成虛步。（圖5-2-47、圖5-2-48）

圖5-2-44

圖5-2-45

圖5-2-46

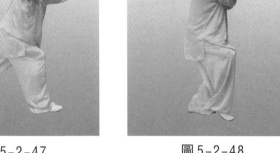

圖 5-2-47　　　　　　　　　　　圖 5-2-48

20.穿手五雷掌

連續三個形步，身子猛然躍起，空中彈右腿，在落地的同時，右掌擊地，左掌後踏，成四六步。（圖 5-2-49 至圖 5-2-53）

圖 5-2-49　　　　　　　　　　　圖 5-2-50

圖 5-2-51

圖 5-2-52

圖 5-2-53

圖 5-2-54

21.翻身十字抽

猛翻身，撤右步，兩臂從左向右抱圓，右掌抽至左踝骨上方，左臂向後伸直，抬頭前視。（圖 5-2-54）

22.開手翻身攔

提左膝，左右掌橫
開。（圖5-2-55）

23.開手掀捶

轉身成右虛步，左拳
向左下角猛掀。（圖5-
2-56）

圖5-2-55

24.開手翻身攔

提右膝，左右掌橫開。（圖5-2-57）

25.開手掀捶

轉身成左虛步，右拳向右下角猛掀。（圖5-2-58）

圖5-2-56

圖5-2-57

圖 5-2-58

圖 5-2-59

圖 5-2-60

圖 5-2-61

26.十字摟掌

　　回身右手揮，撤右步；上左腿，走形步，右掌摟膝；上右步，左掌摟膝；再上左步，右掌再摟膝。（圖 5-2-59 至圖 5-2-61）

27.側身亮翅

上右步，左擰腰，雙手分掌，雙臂塌圓，左腳成虛步，右腿下屈，斜身左側如白鶴亮翅。（圖 5-2-62、圖 5-2-63）

圖 5-2-62

圖 5-2-63

28.撤步收勢

左腳後撤右步跟，雙腿併攏，雙掌自上向下壓至丹田，砸氣歸元。（圖 5-2-64 至圖 5-2-66）

圖 5-2-64

圖 5-2-65　　　　　　　　圖 5-2-66

第三節　八極對劈掛（對練）

　　八極對劈掛是以八極拳的剛猛脆快、短小精悍、近身擠靠、手肘併用的招數，和以劈掛掌的長、靈、飄、活、大開大合、抽、摆、劈、掛為主的二人合練的套路。表演時要求真劈實打，非常壯觀。

　　甲乙雙方相距約 4 公尺（甲使八極手，乙使劈掛掌），直體而立，左甩頭，相對而視（深色服裝者為甲，淺色服裝者為乙）。

1.出　勢

　　甲上左步，雙腿下屈，左手從右上方盤手墜肘握拳，右拳抱圓在左肘下，雙目左視；乙燕型分手，左跨步，再右跨步，成三角形，雙手隨步平分下塌，雙掌一分，左腳

成虛步，左腿下屈，斜身左視，如白鶴亮翅。（圖 5-3-
1、圖 5-3-2）

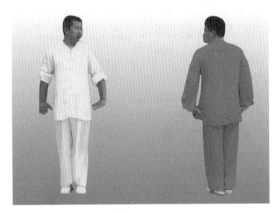

圖 5-3-1

圖 5-3-2

2.沖步頂捶左右削

甲左拳往後一甩，往左一個墊步再上右步，右拳頂擊，左拳後襯成馬步；乙在甲墊步的同時，也是往左一個墊步，左掌貼身挑出，上右步，右掌猛削甲右臂，緊跟著右掌反削甲頸部。（圖5-3-3、圖5-3-4）

圖5-3-3　　　　　　　　圖5-3-4

3.抹頭雙撞掀步抽

甲步不動，撤腰抹頭躲過反削掌，緊跟著雙掌往乙方胸部撞擊；乙則用左臂下掛將左掌化開，左腿不動，右腳轉身後撤，右掌削甲頸部，成前馬步。（圖5-3-5）

圖5-3-5

4.連環撐捶掖步抽

　　甲左手架乙削掌，上右步打右撐捶，再上左步打左撐
捶，再上右步打右撐捶；乙則撤右步，左掌下抽甲右拳，
撤左步，右掌抽甲左拳，再撤右步，左掌抽甲右拳。（圖
5-3-6 至圖 5-3-8）

圖 5-3-6

圖 5-3-7

圖 5-3-8

5.沖天炮打雙手鎖

甲衝步挺腰，右拳反腕豁打乙下腭；乙則身後仰，右掌貼身從下腭探出與左掌相合，鎖住甲拳往下猛扣。（圖5-3-9、圖5-3-10）

圖 5-3-9

圖 5-3-10

6.長身雙塌滾手撩

甲手被鎖住後，猛往上長腰，右拳向上挑開鎖手，步不動，撐腰雙掌塌乙胸部；乙撤左步，雙掌滾抽對方雙塌掌，再進左步，左掌貼身向上撩甲陰部。（圖5-3-11至圖5-3-14）

圖 5-3-11

圖 5-3-12

圖 5-3-13

圖 5-3-14

7. 撤步掃蹚旋風腿

甲挺腰，右掌托開對方撩陰掌，同時撤右步，下仆
腰，右腿猛掃對方雙腿；乙則一煞腰猛然躍起，一個原地

旋風腳（左手合右腳），躲過掃蹚腿。（圖 5-3-15 至圖
5-3-20）

圖 5-3-15

圖 5-3-16

圖 5-3-17

圖 5-3-18

圖 5-3-19

圖 5-3-20

8.反身兜鵝翻身撩

甲右手變鵝頭，反身猛兜對方三家穴；乙則背左步，左手下掛對方鵝頭，再上右步，撤左步，翻身右手撩掌；甲也同時撤左步，右掌托撩乙右掌。（圖 5-3-21、圖 5-3-22）

圖 5-3-21　　　　　　　　　　圖 5-3-22

9.開手撐捶撤步抽

甲右手托開對方右掌，上左步，頂左捶，再上右步，頂右捶；乙撤右步，左掌帶腰抽對方左捶，再撤左步，右掌帶腰抽對方右捶。（圖 5-3-23 至圖 5-3-25）

圖 5-3-23　　　　　　　　　　圖 5-3-24

圖 5-3-25

10.進步扁打撤步捊

甲上左步，擰腰扁
打；乙上右步，雙手捊甲
左臂。甲乙同是馬步。
（圖 5-3-26）

圖 5-3-26

11.上步斜劈滾背撩

甲上右步，同時猛削乙頸部；乙一低頭，用左掌撩甲
腹部；甲削空後，擰身從乙背部滾過。（圖 5-3-27、圖
5-3-28）

圖 5-3-27　　　　　　　　圖 5-3-28

12.上步衝捶反手拿

　　甲上左步，右拳隨之朝乙下腭打去；乙雙手反拿甲手腕往裏手擰。（圖 5-3-29、圖 5-3-30）

圖 5-3-29　　　　　　　　圖 5-3-30

13.蹬襠彈腿雙手捋

甲挺腰帶肘破反掌，緊跟著蹬乙右大腿部，借勁騰空躍起，在空中彈右腿踢乙面門；乙後仰，雙掌斜拍甲彈腿。（圖 5-3-31 至圖 5-3-37）

圖 5-2-31

圖 5-2-32

圖 5-2-33

圖 5-2-34

圖 5-3-35

圖 5-3-36

圖 5-3-37

14.衝步反掌左右開

乙左腿一蹬右步前衝，反背掌抽打甲面門；甲左臂從裏往外將乙臂挑開；乙左掌斜拍甲右胸部；甲用右手掛開乙左掌，左拳直打乙腹部；乙用右手掛開甲左拳，左掌又一次拍擊甲右胸部。（圖5-3-38至圖5-3-40）

圖5-3-38

圖5-3-39

圖5-3-40

15. 連環衝拳撤步抽

甲右手掛開乙左掌，衝步右拳直打乙胸部；乙撤左步，左掌反捋甲右掌，同時右掌橫抽甲胸部；甲右手下掛乙右掌，同時上左步衝左拳再打乙胸部；乙撤右步，右掌反捋甲左掌，同時左掌橫抽甲胸部（衝撤步要大）。（圖 5-3-41）

圖 5-3-41

16. 上步捧掌撤步抽

甲上左步，雙手捧擊乙前後胸；乙則撤右步，左手抽擊甲頸部。（圖 5-3-42、圖 5-3-43）

圖 5-3-42

圖 5-3-43

17.連環頂肘撤步抽

甲上左步，左頂肘，再上右步，右頂肘；乙撤左步，右手推甲左肘。（圖5-3-44至圖5-3-47）

圖5-3-44

圖5-3-45

圖5-3-46

圖5-3-47

18. 上步削掌單掛胸

乙右背步，上左步，左掌削甲頸部；甲撤右步，右手上開左拳掛打乙胸部。（圖5-3-48、圖5-3-49）

圖 5-3-48

圖 5-3-49

19. 上步橫開單掛耳

乙左手下掛甲左拳，上右步，埋腿橫開甲胸部；甲撤左腿同時，右拳單掛乙左耳。（圖5-3-50至圖5-3-53）

圖 5-3-50

圖 5-3-51

圖 5-3-52

圖 5-3-53

20.撤步掛耳滾手削

甲左步後撤，同時，右手變拳，反背掛擊乙左耳；乙
則用右掌滾削甲右臂，然後反手下削甲右肋。（圖 5-3-
54、圖 5-3-55）

圖 5-3-54　　　　　　　　圖 5-3-55

21.塌掌捧肘貼身靠

　　甲左手下掛開乙右掌，雙掌塌擊乙胸部；乙則雙手捧起甲雙肘，然後雙方同時正身靠撞。（圖 5-3-56 至圖 5-3-59）

圖 5-3-56　　　　　　　　圖 5-3-57

| 圖 5-3-58 | 圖 5-3-59 |

22.撤身進步反背靠

甲乙同時撤右腳，再進右步，反背靠撞。（圖 5-3-60、圖 5-3-61）

圖 5-3-60

圖 5-3-61

23.背步轉身單削掌

　　甲乙同時背右步，上左步，轉身左手削掌，兩掌在空中相合。（圖 5-3-62、圖 5-3-63）

圖 5-3-62

圖 5-3-63

24.上步大纏撤步掌

　　甲震左腳上步，纏壓乙左臂；乙撤左步，右手推。
（圖 5-3-64 至圖 5-3-67）

圖 5-3-64　　　　　　　　圖 5-3-65

圖 5-3-66　　　　　　　　圖 5-3-67

25.掃蹚腿加旋風腿

甲下撲腰，左腳掃踢乙雙腿；乙騰空旋風腳躲過，下落同時右掌下按。（圖 5-3-68 至圖 5-3-73）

圖 5-3-68

圖 5-3-69

圖 5-3-70

圖 5-3-71

圖 5-3-72

圖 5-3-73

26. 背步轉身單削掌

甲乙同時背右步，上左步，轉身左手削掌，兩掌在空中相合。（圖 5-3-74、圖 5-3-75）

圖 5-3-74

圖 5-3-75

27.撤步轉身落步掌

　　甲乙同時撤左步，左轉身落地，同時出右掌，成馬步。（圖5-3-76、圖5-3-77）

圖5-3-76

圖5-3-77

28.各自收勢步回原

甲乙同時收步，恢復到出勢的狀態。（圖 5-3-78）

29.撣手下壓氣歸元

甲乙同時兩掌撣腿直立，砸氣歸元。（圖 5-3-79）

圖 5-3-78

圖 5-7-79

第六章

雷拳（形拳）

第一節　虎形（無圖）

1.沉氣定式

深吸一口氣砸至丹田，雙腿下屈，雙拳抱圓在丹田，虎口朝外。

2.梅花手射虎

晃膀，左拳貼胸從右腋下插出，右拳從眼前往左插，到頭部雙肘滾翻，左拳在上，右拳在下，拳心相對；緊跟著左步向左前方跨步，右拳向右下方擊打，左拳滾翻至左耳旁。

3.撩肘削捶

上右腿成虛步；雙肘往起滾撩，右拳向右上方斜削至左掌心。

4.白虎望月

右腿向右前方跨一步，身體斜傾步探；雙拳齊發，左上右下虎口相對；目視前方，成弓箭步。

5.老虎大張口

左腿向左前方跨一步，右腿跟上貼左膝窩成虛步；同時，雙拳變爪，晃腰，左爪從右腋下插出，右爪往左插，雲手滾背為左爪在頭前方，右爪在腹前，扣腕十指張開，掌心相對。

6.耘挑翻身撲

右腿向右前方上步，右臂隨身耘挑，再上左步，左掌耘挑，雙臂挑平；緊跟著，右臂從胸前挑出翻身後劈，左掌隨著劈到，右掌收至耳旁；右腿提膝，右掌從耳後猛往下撲，左掌後塌，左腿下蹲，右腿前插。

7.提膝虎撲食

右腿猛提膝，雙掌收至兩耳旁，往前猛竄，雙掌下撲，成坐步。

8.躍步虎搓

猛一擰身，左步向左步前躍出，挺腰，雙掌自下而上搓出，成蹬步。

9. 回身轉步掌

右掌往下一化，轉身，右掌滾翻至眼前；右腿弓，左腿蹬。

10. 滾肘虎扒掌

上左步，左肘往裏滾，再上右步，右爪探出猛往回帶；右爪在前，左爪在右腋下，墜肘成後坐步。

11. 反掌劈削

右腿往回一帶步，跟著往右前方跨步；右臂反掌橫抽，左掌緊跟著削至右掌心。

12. 反身連環掌

反撤左步，反身貼身挑左掌，上右步，挑右掌，再上左步，挑左掌。

13. 猛虎撲兔

步左跨，左臂滾翻，右掌下撲，再跨右步，右臂滾翻，左掌下撲。

14. 上步滾掌

上左步，左掌在眼前畫弧，往下連滾帶削，右掌外撐。

15. 耠挑踢刺

擰腰送右肩，右腳揮，右臂挑，上左腿成虛步；挑左臂，立掌肘，右掌在左腋下。

16. 猛虎撲兔

跨左步，左臂滾翻，右掌下撲，右跨步，右臂滾翻，左掌下撲。

17. 撤步插掌

右腿後撤併左腿，下成虛步；兩臂交叉，左上右下，掌心朝上。

18. 橫開抹面梅花手

右步右跨，右掌橫開左手塌，撤腰，右掌從面前自上往下抹至胸前，臂下叉掌；再上左腿背步，左掌從右腋下掏出，右臂在頭部出手；再上右步，右掌滾削，左掌外撐。

19. 撤步插掌

左腿後撤併右腿，下屈成虛步；兩臂交叉，左下右上，掌心朝上。

20. 橫開抹面梅花手

左步左跨，左掌橫開右手塌，撤腰，左掌從面前自上往下抹至胸前，反臂下叉掌；再上右腿背步，右掌從左腋下

掏出，左臂在頭部出手；再上左步，左掌滾削，右掌外撐。

21. 虎坐步後撩

下蹲，撤左步；右掌推左臂，轉身後撩掌，成弓蹬步。

22. 上步推山掌

上右步，雙掌用腰抖出，成弓蹬步。

23. 轉身雙扒掌

猛轉身，左臂橫開，提右膝；同時，雙掌自上往下螺旋形雙扒掌

24. 弓步虎撲

上左步，再上右步，雙掌帶腰往前猛撲，成弓箭步。

25. 轉身圈掌

轉身，左臂橫開，右掌從左臂下方出，雙肘下坐，轉身時以右腳跟為軸，左腳成虛步。

26. 抱掌合心

收左虛步；雙掌內合，手心朝上，左下右上；雙腿下屈，收至丹田。

第二節　龍　形

1.雙手合十

深吸一口氣，雙掌相合，兩臂抱圓，雙腿併攏下屈，雙掌隨氣下沉，如童子拜觀音。

2.單心問手

左腳前伸成虛步；右掌前挑下坐時，左掌在右腋處。

3.左出手托掌

往回撤腰，雙手往後出，從下往前托掌，左掌往上滾翻。

4.右出手托掌

上右步，擰腰，雙手往後出，從下往前托掌，右掌往上滾翻。

5.十字分掌

上左步，雙掌自下叉臂，往上分開在頭頂上方。

6.進步踏掌

上右步的同時猛往後坐腰，右掌下塌，左掌後襯，成四六步（打出爆發力）。

7. 衝前橫掌

緩緩往回收腰帶臂，兩臂交叉；右步往回一帶，突然右步前衝，右掌橫開，左掌後塌，成斜弓箭步。

8. 雙掌合攏

緩緩往回撤腰轉身上右步，雙掌自下往上合攏。

9. 右青龍探爪

上右步，往回涮腰，雙掌往回畫，再往前左爪探出，右掌在左臂旁變橫掌，成弓箭步。

10. 左青龍探爪

上左步，往回涮腰，雙掌往回畫，再往前右爪探出，左掌在右臂旁變橫掌，成弓箭步。

11. 上步合爪（柔）

上右步，貼左膝成虛步；兩前臂交叉，爪心朝上，左上右下。

12. 雙龍分水（剛）

往前跨右步；雙臂猛向兩旁用腰抖平，成前弓後蹬步。

13. 虛步插掌（柔）

收右腿成虛步；雙掌收回，從胸前往後插出，掌心朝

上，右前左後。

14. 叉步探海（柔）

往右撤右步，雙掌往前探，左腿後叉下盤的同時，雙掌自右向左往下按，連續三勢不停。

15. 轉身十字掌（剛）

撤右步，右臂反背抽，再上左步，左臂撩；再上右步，右掌下按，左掌後塌，探身弓步。

16. 拔山帶海（剛）

猛地長腰提右膝，右掌往上提帶；撤右腿，反背抽，上左步，出右掌，再上右步，右掌反背探出，左掌在後腋下，兩掌心朝上。

17. 反身按掌（剛）

以右腿為軸，左轉身，撤左步；右手下按，左手後塌。

18. 撤步出手（柔）

撤右步，右手出，撤左步，左手出，再撤右步，右手下出。

19. 轉身橫掌（剛）

右手往右橫掌，再上左步，左手往左橫掌。

20. 叉步扒掌

左腿往右腿後叉；雙掌隨腰自上往下扒掌，連續三勢不停。

21. 出手掖掌

上左步，雙掌出手，再上右步，左手下掖掌，右掌滾翻至頭頂；上左步，雙掌出手，左手下掖掌，右掌滾翻至頭頂。

22. 撤步撩掌（柔）

轉身上右步，右掌貼身向前撩，左掌在頭頂後襯。

23. 左雙扒搓掌（柔）

帶右步，雙掌往回扒，再上右步，雙掌搓出。

24. 右雙扒搓掌（柔）

帶左步，雙掌往回扒，再上左步，雙掌搓出。

25. 左進步撩陰爪（剛）

右開手，進左步，左手成爪撩出。

26. 右進步撩陰爪（剛）

左開手，進右步，右手成爪撩出。

27.童子拜佛

雙手合十，轉身，雙掌從右向左，成虛步。

28.壓掌收勢

雙手貼身下塌掌，再起於胸前，然後下壓，同時撤步收勢。

第七章

易　筋　經

　　人之一身內為五臟六腑，外為四肢百骸。內由精、氣、神主之，外由筋、骨、肉相連。臟腑之外筋骨主之，筋骨之外肌肉主之，肌肉之內血脈主之，周身上下活潑靈動皆主之於氣也。故修練之功全在於培養氣血也。然精、氣、神為無形之物，而筋、骨、肉為有形之身。故先練有形者為無形之佐，培無形者為有形之輔。若專培無形而棄有形則不可，專練有形而棄無形則更不可。所以有形之身必得無形之氣相倚。

　　易筋者，謂人身之筋骨由胎裏受之，有筋弛者、筋攣者、筋靡者、筋弱者、筋縮者、筋壯者、筋舒者、筋勁者、筋合者，種種不一。如筋弛則病，筋攣則瘦，筋靡則痿，筋弱則懈，筋縮則亡，筋壯則強，筋舒則長，筋勁則剛，筋合則康。

　　易者乃陰陽之道也。易即變化之意也。為虛為實者易之，為剛為柔者易之，為靜為動者易之。高下者易其升降，後先者易其緩急，順逆者易其往來，危者易之安，亂者易之治，禍者易之福，亡者易之存。

　　氣數者可以易之挽回，天地者可以易之反覆。因此人之筋骨，更要易之，使筋攣者易之以舒，筋弱者易之以強，筋弛者易之以和，筋縮者易之以長，筋靡者易之以

341

壯，使綿泥之身立成鐵石，皆易之功也。

第一節　太極軟架（易筋經）第一套

1.出　勢

兩腿併攏，身體垂直；兩臂自然下垂，拔頂含胸，舌抵上腭。（圖7-1-1）

2.抱肘下屈

步不動；兩臂抱圓，掌心朝上；雙腿下屈，運氣雙掌砸至丹田。（圖7-1-2、圖7-1-3）

3.單抱球

屈步不動；兩掌在胸前交叉，右掌向右屈肘下沉，左

圖7-1-1

圖7-1-2

掌後襯，掌心朝上；目視右掌。（圖 7-1-4、圖 7-1-5）

4.反掌推山

步不動；兩掌同時翻轉，右掌向前成立掌推直，左掌後塌，掌心朝下。（圖 7-1-6）

圖 7-1-3

圖 7-1-4

圖 7-1-5

圖 7-1-6

5. 鉤手下盤

右掌慢慢變鉤；左腳不動，右腳後叉至左腿後，緩緩下蹲成坐盤，鉤手然後慢慢起立。（圖 7-1-7 至圖 7-1-9）

6. 馬步單鞭

上右步，成馬步；右臂伸直，右手成鉤手，左手下塌。（圖 7-1-10）

圖 7-1-7

八極拳珍傳

7. 夜叉探海

向左慢轉身，左腿變虛步；左掌直插至左腳尖前，身體前探，右手成鉤在右上方。（圖 7-1-11）

圖 7-1-8

圖 7-1-9

圖 7-1-10

圖 7-1-11

8.黃龍臥道

右腿不動，左腳回收貼右膝，然後再貼地前插，左掌貼地向左慢慢插出伸直。（圖 7-1-12 至圖 7-1-14）

圖 7-1-12

圖 7-1-13

圖 7-1-14

9.橫單鞭

左掌插直後慢慢起立，左掌坐腕變立掌，右鉤手不變，成騎馬步；眼視右鉤手。（圖 7-1-15）

圖 7-1-15

圖 7-1-16

10. 左叉樑勢

步不動，向左慢擰身前插成弓箭步；左掌盡力前插，右掌盡力後插。（圖 7-1-16）

11. 左獨立勢

左腿不動，右腿併左腿，身體直立；左掌向上叉，右掌向下叉。（圖 7-1-17）

12. 左沉平掌

步不動；左臂向左往下慢慢下沉至與肩平，掌心朝上，右掌不動；目視左掌。（圖 7-1-18）

圖 7-1-17　　　　　圖 7-1-18

13.左手抱球

向左轉身，慢慢下蹲，右腳前點成虛步；左掌成抱球狀在外，右掌亦成抱球狀在內；目右視。（圖7-1-19）

14.下叉底橫掌

右腳收回，再前叉，身體前仆，右臂貼地，慢慢向右橫開，左掌後襯。（圖7-1-20、圖7-1-21）

圖7-1-19

圖7-1-20

圖7-1-21

15.右托山叉掌

右手向右橫開到盡頭後，慢慢往上滾翻至頭斜上方；左掌下叉至左膝下，掌心朝外；前弓左蹬，扭頭向上，目視掌背。（圖 7-1-22）

16.右叉樑勢

步不動，向右慢擰身前探成弓箭步；右掌盡力前叉，左掌盡力後叉。（圖 7-1-23）

圖 7-1-22

圖 7-1-23

17.右獨立勢

右腿不動，左腳上步併右腿，身體直立；右掌向上叉，左掌往下叉。（圖 7-1-24）

18.右平掌

步不動；右臂向右慢慢往下沉至與肩平，掌心朝上，左掌不動；目視右掌。（圖 7-1-25）

圖 7-1-24

圖 7-1-25

19.抱球旋腰

步不動；雙掌慢慢回收至胸前成雙掌抱球狀；然後身體猛往右後旋轉，目後視，成身後抱球狀，然後恢復原態。（圖 7-1-26 至圖 7-1-29）

圖 7-1-26

圖 7-1-27

圖 7-1-28

圖 7-1-29

20.右獨立勢

雙腿併攏，身體直立；右掌上叉，左掌下叉。（圖7-1-30）

21.單手提爐

步不動，兩腿慢慢下蹲；右掌變鉤，貼胸下沉，左掌前挑；完全蹲下時，右手鉤前伸成提爐勢，左掌收至右肩胛處。（圖7-1-31至圖7-1-33）

圖 7-1-30

圖 7-1-31

圖 7-1-32

圖 7-1-33

22.右陰陽托掌

步不動，身體緩緩而起；右手鉤變掌，往上翻至頭頂上方，掌心朝上，左掌貼腿下塌；目視右掌背。（圖 7-1-34、圖 7-1-35）

圖 7-1-34

圖 7-1-35

23.抱球旋掌

步不動，雙掌慢回收至胸前成雙掌抱球狀；然後身體猛往左後旋轉，目後視，成身後抱球狀，然後恢復原態。（圖 7-1-36 至圖 7-1-39）

圖 7-1-36

圖 7-1-37

圖 7-1-38

圖 7-1-39

24. 左獨立勢

步不動，身體直立；
左掌上叉，右掌下叉。
（圖 7-1-40）

25. 單手提爐

步不動，兩腿慢慢下
蹲；左掌變鉤，貼胸下
沉，右掌前挑；完全蹲下
時，左手鉤伸成提爐勢，
右掌收至左肩胛處。（圖
7-1-41 至圖 7-1-43）

圖 7-1-40

圖 7-1-41

圖 7-1-42

圖 7-1-43

26.右陰陽托掌

步不動，身體緩緩而起；左手鉤變掌，往上翻至頭頂上方，掌心朝上，右掌貼腿下踏；目視左掌背。（圖 7-1-44、圖 7-1-45）

圖 7-1-44　　　　　　　圖 7-1-45

27.右手抱球

向右轉身，慢慢下蹲，
左腳前點成虛步；右掌成抱
球狀在外，左掌亦成抱球狀
在內；目左視。（圖 7-1-
46）

28.下叉底橫掌

左腳收回再前叉，身體
前撲；左臂貼地，慢慢向左
橫開，右掌後覦。（圖 7-1-47、圖 7-1-48）

圖 7-1-46

圖 7-1-47

圖 7-1-48

29. 左托山叉掌

左手向左橫開到盡頭後，慢慢往上滾翻至頭頂斜上方，右掌上叉至膝下，掌心朝外；步左弓右蹬，掃頭向上；目視左掌背。（圖7-1-49）

30. 雙手抱球

步不動；雙掌回收抱球至胸前成騎馬步。（圖7-1-50）

圖7-1-49　　　　　　　　圖7-1-50

31. 叉手畫指

步不動，身體左移下撲；右手食指畫地，左手掌貼右指，從左向右用力畫地。（圖7-1-51、圖7-1-52）

圖 7-1-51

圖 7-1-52

32.雙按掌

右劃指到盡頭後，雙手變掌，慢慢上提墜肘，然後坐腰下按，成弓步。（圖 7-1-53）

圖 7-1-53

33. 斜身繃肘

雙掌慢慢收回，然後十指相對，掌心朝上，往外繃肘；身右傾，腿左蹲成右弓步。（圖7-1-54）

34. 雙手抱球

步不動；雙掌回收抱球至胸前，成騎馬步。（圖7-1-55）

圖7-1-54　　　　　　　　圖7-1-55

35. 回頭望月

手不動，左腿後叉，右腿後緩緩下蹲坐盤，回頭望月；目視兩掌心。（圖7-1-56至圖7-1-58）

圖 7-1-56

圖 7-1-57

圖 7-1-58

圖 7-1-59

36. 左盤膝推掌

雙掌不動；身體慢慢轉回，左腳盤膝搭在右腿上，單腿下屈；同時雙掌滾翻外推。（圖 7-1-59）

37. 折背分掌

　　步不動；雙手下塌後伸上翻，從背後往前翻，然後提起再推出，恢復原狀。（圖7-1-60至圖7-1-63）

圖7-1-60

圖7-1-61

圖7-1-62

圖7-1-63

38. 倒步雙踏掌

左腳前插，右腿倒出，兩腿下屈與肩同寬；兩掌貼身下踏。（圖 7-1-64、圖 7-1-65）

圖 7-1-64

圖 7-1-65

39. 雙手提爐

步不動，兩腿下蹲至與膝齊平；同時雙手變鉤，慢慢自下往上提，成提爐狀。（圖 7-1-66）

40. 右盤膝推掌

左腿不動，右腿盤膝搭在左腿上，單腿下屈；同時

圖 7-1-66

雙手變掌，滾翻外推。（圖 7-1-67）

41.折背分掌

步不動，雙手下塌，後伸，上翻，從背後往前翻，然後提起再推出，恢復原狀。（圖 7-1-68 至圖 7-1-72）

圖 7-1-67

圖 7-1-68

圖 7-1-69

圖 7-1-70

圖 7-1-71　　　　　　圖 7-1-72

42.叉手單抱球

　　右腳回撤，左腿併右腿，雙腿下蹲；同時，右手往右墜肘下沉，掌心朝內，左掌後襯，掌心朝上。（圖 7-1-73、圖 7-1-74）

圖 7-1-73　　　　　　圖 7-1-74

43. 雙手合十

兩手慢慢收至胸前合攏，身體緩緩立直，掌心相合，然後往外翻轉至掌心朝上，右上左下，沉氣砸至丹田。（圖 7-1-75）

圖 7-1-75

44. 收　勢

砸氣歸元。（圖 7-1-76、圖 7-1-77）

圖 7-1-76

圖 7-1-77

第二節　太極軟架（易筋經）第二套

1.出　勢

兩腿併攏，身體垂直；
兩臂自然下垂，拔頂含胸，
舌抵上腭。（圖 7-2-1）

2.抱肘下屈

步不動；兩臂抱圓，掌
心朝上；雙腿下屈，氣運雙
掌，砸至丹田。（圖 7-2-
2、圖 7-2-3）

圖 7-2-1

圖 7-2-2

圖 7-2-3

3.單抱球

屈步不動；兩掌在胸前交叉，右掌向右屈肘下沉，掌心朝內，左掌後襯，掌心朝上，目視右拳。（圖 7-2-4、圖 7-2-5）

圖 7-2-4

圖 7-2-5

4.反掌推山

步不動；兩掌同時翻轉，右掌向前成立掌推直，左掌後塌，掌心朝下。（圖 7-2-6）

圖 7-2-6

5.童子拜佛

身往左轉，坐腰，重心
在右腿，左腳成虛步；雙手
合十，收至胸前。（圖 7-
2-7）

圖 7-2-7

6.貼膝推掌

步不動，身體慢慢下蹲，然後左腳前叉；雙掌貼左腿
往前推出，成弓蹬步。（圖 7-2-8、圖 7-2-9）

圖 7-2-8

圖 7-2-9

7.雙手踏掌

步不動；雙掌向下塌。
（圖 7-2-10）

圖 7-2-10

8.雙折背

步不動；兩掌回收，下塌，後伸，上翻，然後恢復原
狀。（圖 7-2-11 至圖 7-2-14）

圖 7-2-11

圖 7-2-12

圖 7-2-13

圖 7-2-14

9.童子拜佛

　　左腿不動，上右腳成虛步；雙手合十，收至胸前，重心在左腿。（圖 7-2-15）

圖 7-2-15

10. 貼膝推掌

步不動，身體慢慢下蹲，然後右腳前叉；雙掌貼右腿往前推出，成弓蹬步。（圖7-2-16、圖7-2-17）

圖7-2-16

圖7-2-17

11. 雙手踏掌

步不動；雙掌向下塌。（圖7-2-18）

圖7-2-18

12. 雙折背

　　步不動，兩掌收回，下蹲，後伸，上翻，然後恢復原狀。（圖 7-2-19 至圖 7-2-22）

圖 7-2-19

圖 7-2-20

圖 7-2-21

圖 7-2-22

13.坐步撕掌

　　步不動，身體回撤下坐，重心移至左腿上；兩掌收至胸前，然後用力撕扯至右掌到右膝前方。左掌撕至左耳前方，成四六步。（圖 7-2-23、圖 7-2-24）

圖 7-2-23

圖 7-2-24

14.十字掌

　　步不動，身體右轉成弓蹬步；兩掌從胸前成直立掌，兩臂撐直往後振臂，成十字。（圖 7-2-25）

圖 7-2-25

15.坐步撕掌

上左步,身體回撤下坐,重心移至右腿上;兩掌收至胸前,然後用力撕扯至左掌到左膝前方,右掌撕至左耳前方,成四六步。(圖 7-2-26、圖 7-2-27)

圖 7-2-26

圖 7-2-27

16.十字掌

步不動,身體右轉成弓蹬步;兩掌從胸前成直立掌,兩臂撐直往後振臂,成十字。(圖 7-2-28)

圖 7-2-28

17. 右倒攆猴

左腳不動，上右步，身體側身下撲；兩臂在頭兩側，順右腿往前直叉，右脅貼在右腿上。（圖 7-2-29、圖 7-2-30）

圖 7-2-29

圖 7-2-30

18. 左倒攆猴

身體慢慢起來，翻身上左步，身體側身下撲；兩臂在頭兩側，順左腿往前直叉，左脅貼在左腿上。（圖 7-2-31、圖 7-2-32）

圖 7-2-31

八極拳珍傳

圖7-2-32

19. 雙推掌

身體慢慢起來，兩掌收至胸前，然後再墜肘推出去，成弓蹬步。（圖7-2-33）

圖7-2-33

20.右底橫掌

身體回撤，往回帶腰收右腳，再叉出去，身體前撲；右掌心、前臂貼地從左往右橫開，左掌後襯。（圖 7-2-34、圖 7-2-35）

圖 7-2-34

圖 7-2-35

21.十字掌

右掌橫開到盡頭，身體右轉成弓蹬步，雙手成直立掌，往後振背，成十字。（圖 7-2-36）

圖 7-2-36

22. 右吊肘攉掌

步不動，身體緩緩回收；兩手往左後撤，右手變爪如吊抓重物，右爪吊至頭頂上方，左掌攉至右膝旁，成弓步。（圖 7-2-37、圖 7-2-38）

圖 7-2-37

圖 7-2-38

23. 左琵琶勢

右腿不動，上左步，身體下坐，重心移至右腿；左掌貼膝直叉左腳尖，右掌變爪，撕至右耳旁。（圖 7-2-39）

圖 7-2-39

24. 左底橫掌

身體回撤帶左步再叉出去，身體前仆，左掌帶前臂貼地從右往左橫開，右掌後襯。（圖 7-2-40、圖 7-2-41）

圖 7-2-40

圖 7-2-41

25. 十字掌

左掌橫開到盡頭後，身體左轉成騎馬步，雙手成直立掌，往後振背，成十字。（圖 7-2-42）

圖 7-2-42

26.左吊肘撐掌

步不動，身體緩緩回收；兩手往右後撤，再往左，左手變爪如吊抓，左爪吊至頂上方，右掌撐至左膝，成弓步。（圖7-2-43、圖7-2-44）

圖7-2-43

圖7-2-44

27.右琵琶勢

左腿不動，上右步，身體下坐，重心移至左腿；右掌貼膝直叉右腳尖，左掌變爪撕至左耳旁。（圖7-2-45）

圖7-2-45

28. 雙掌合十

身體右轉成前弓步；雙掌分開後撐，然後合十收至胸前。（圖 7-2-46）

圖 7-2-46

29. 左虛步踏掌

右腿不動，上左腿成虛步，貼至右腿旁；兩手提肘至頭兩側，身體慢慢下蹲，兩掌貼身往下塌至地面。（圖 7-2-47、圖 7-2-48）

圖 7-2-47

圖 7-2-48

30. 雙手合十

兩手慢慢收至胸前合攏，身體緩緩立直，掌心相合，然後往外翻轉至掌心朝上，右上左下，沉氣砸至丹田。（圖 7-2-49、圖 7-2-50）

圖 7-2-49

圖 7-2-50

31. 上步分掌

身體慢慢立起，往前跨左腳成前弓步；兩臂分開成立掌，往後振背。（圖 7-2-51）

圖 7-2-51

32.右虛步塌掌

左腿不動，上右腿成虛步，貼至左腿旁；兩手提肘至頭兩側，身體慢慢下蹲，兩掌貼身往下塌至地面。（圖7-2-52、圖7-2-53）

圖7-2-52

圖7-2-53

33.上步分掌

身體慢慢立起，往前跨右腳成前弓步，兩臂分開成立掌，往後振背。（圖7-2-54）

圖7-2-54

34.叉手單抱球

上左步，併右腿；兩掌在胸前交叉，右手往右墜肘下沉，掌心朝內，左掌後襯，掌心朝上；目視右掌心。（圖7-2-55、圖7-2-56）

圖7-2-55

圖7-2-56

35.反掌推山

步不動；兩掌同時翻轉，右掌向前成直立掌推出，左掌後塌，掌心朝下。（圖7-2-57）

圖5-2-57

36. 雙手合十

兩手慢慢收至胸前合攏，身體緩緩立直，掌心相合，然後往外翻轉至掌心朝上，右上左下，沉氣砸至丹田。（圖7-2-58、圖7-2-59）

圖5-2-58

圖7-2-59

37. 收　勢

砸氣歸元。（圖7-2-60）

圖7-2-60

第三節 太極軟架（易筋經）第三套

1.出　勢

兩腿併攏，身體垂直，
兩臂自然下垂，拔頂含胸，
舌抵上腭。（圖7-3-1）

2.抱肘下屈

步不動，兩臂抱圓，掌
心朝上，雙腿下屈，氣運雙
掌，砸至丹田。（圖7-3-
2、圖7-3-3）

圖7-3-1

圖7-3-2

圖7-3-3

3.單抱球

屈步不動;兩掌在胸前交叉,右掌向右屈肘下沉,掌心朝內,左掌後襯,掌心朝上;目視右掌心。(圖7-3-4、圖7-3-5)

圖7-3-4

圖7-3-5

4.反掌推山

步不動;兩掌同時翻轉,右掌向前成直立掌推出,左掌後塌,掌心朝下。(圖7-3-6)

5.一字直撐掌

步不動;左掌自胸前往左撐,兩臂撐直;目視左掌。(圖7-3-7)

圖 7-3-6

圖 7-3-7

6.右十字掌

　　左步後撤，身體右轉；兩掌鬆肩，左掌向左，右掌向右，前後推直，成弓步；目視右掌。（圖 7-3-8）

圖 7-3-8

7. 左十字掌

撤右步；右掌前推，左掌自胸前往後推，兩臂撐直；目視左掌。（圖7-3-9、圖7-3-10）

圖7-3-9

圖7-3-10

8. 右貼膝塌掌

收左腳貼右膝窩，單腿下蹲，兩手貼兩脇，隨身下塌。（圖7-3-11至圖7-3-15）

圖7-3-11

圖 7-3-12

圖 7-3-13

圖 7-3-14

圖 7-3-15

9. 吊球托頂

兩掌變爪成吊球狀，從身兩側上翻至頭頂，然後隨身慢慢立直，雙掌上托。（圖 7-3-16、圖 7-3-17）

圖 7-3-16

圖 7-3-17

10. 左貼膝塌掌

撤左步，再收右腳貼左膝窩，單腿下蹲，兩手貼兩脅隨身下塌。（圖 7-3-18至圖 7-3-20）

圖 7-3-18

圖 7-3-19

圖 7-3-20

11. 吊球托頂

　　兩掌變爪成吊球狀，從身兩側上翻至頭頂，然後隨身慢慢立直，雙掌上托。（圖 7-3-21 至圖 7-3-23）

圖 7-3-21

圖 7-3-22

圖 7-3-23

12.右虛步抱球

左腿不動，右腳成虛步；兩掌變爪，爪心相對，右爪在右腿旁，左爪在右肩胛處。（圖 7-3-24）

圖 7-3-24

13.右底橫掌

左腿不動，右腳向身後叉出，身體下撲，隨右掌貼地往右橫開。（圖7-3-25）

圖 7-3-25

14.貼膝推掌

橫開到頭後，步不動，身後撤；兩掌貼右膝緩緩向前推出，成弓蹬步。（圖 7-3-26、圖 7-3-27）

圖 7-3-26

圖 7-3-27

15. 雙手塌掌

步不動，雙掌向下
塌。（圖 7-3-28）

圖 7-3-28

16. 折背勢

步不動；兩掌回收下塌，後伸，上翻，折背，再推
出，元寶掌，十指相對，掌心外翻；成弓步。（圖 7-3-29
至圖 7-3-32）

圖 7-3-29

圖 7-3-30

圖7-3-31

圖7-3-32

17.鐵牛耕地

兩掌變爪墜肘，下按至地面；撤右步併左腿，兩腳尖蹬地，身成弓型，然後撤身嘴貼地面，頭向前拱出（由五指抓地可逐步縮減到三指、兩指，直至剩拇指撐地）。（圖7-3-33至圖7-3-36）

圖7-3-33

圖7-3-34

圖7-3-35　　　　　　　圖7-3-36

18.元寶橫掌

上右步；兩手成橫掌緩緩推出，十指相對，掌心外翻；成弓步。（圖7-3-37）

圖7-3-37

19. 左虛步抱球

右步不動，轉身撤步成虛步；兩掌變爪，爪心相對，右爪在左腿旁，左爪在左肩胛處。（圖7-3-38）

20. 左底橫掌

右腿不動，左腳向身後叉出，身體下撲，隨左掌貼地往左橫開。（圖7-3-39）

圖7-3-38

21. 貼膝推掌

橫開到頭後，步不動，身後撤兩掌貼左膝，緩緩向前推出，成弓蹬步。（圖7-3-40、圖7-3-41）

圖7-3-39

圖7-3-40

圖 7-3-41

22.雙手塌掌

步不動，雙掌向下塌。（圖 7-3-42）

圖 7-3-42

23. 折背勢

步不動，兩掌回收下踏，後伸，上翻，折背再推出元寶掌，十指相對，掌心外翻，成弓步。（圖 7-3-43 至圖 7-3-46）

圖 7-3-43

圖 7-3-44

圖 7-3-45

圖 7-3-46

24.鐵牛耕地

兩掌變爪，墜肘下按至地面；撤左步併右腿，兩腳尖蹬地，身成弓型；然後撤身，嘴貼地面，頭向前拱出。（圖 7-3-47 至圖 7-3-50）

圖 7-3-47

圖 7-3-48

圖 7-3-49

圖 7-3-50

25.元寶橫掌

上左步，兩手成橫掌緩緩推出，十指相對，掌心外翻，成弓步。（圖7-3-51）

圖 7-3-51

26.右摟膝推掌

右手摟左膝，上右步，左掌推出，右掌下塌至右腿旁。（圖 7-3-52、圖 7-3-53）

圖 7-3-52

圖 7-3-53

27.左摟膝推掌

左手摟右膝，上左步，右掌推出，左掌下塌，至左腿旁。（圖 7-3-54、圖 7-3-55）

圖 7-3-54

圖 7-3-55

八極拳珍傳

28.馬步雙劈掌

步不動，右轉身，兩臂自胸前交叉後向兩側下劈，成馬步。（圖 7-3-56）

圖 7-3-56

29.上步吊籃雙劈掌

右手變爪成吊籃狀，左掌後推，身右移，上左步，兩臂自胸前交叉後向兩側下劈，成馬步。（圖7-3-57、圖7-3-58）

圖7-3-57

圖7-3-58

30.右吊籃臥掌

步不動，撤腰帶右臂，右手變爪，成吊籃狀，左掌後推，緩緩右移到頭後變掌，臥腕下塌在地上，左掌貼身伸直。（圖7-3-59至圖7-3-61）

圖7-3-59

圖 7-3-60

圖 7-3-61

31.臥佛翻身

　　右腳回撤，兩腿併攏，身體斜躺，右臂支撐，然後身體下撲，嘴找掌背，再往上翻。（圖 7-3-62 至圖 7-3-64）

圖 7-3-62

圖 7-3-63

圖 7-3-64

32.上步十字劈

上左步，兩臂交叉，兩掌向身兩側下劈，成馬步。
（圖 7-3-65）

圖 7-3-65

33.左吊籃臥掌

步不動，撤腰帶左臂，左手變爪，成吊籃狀，右掌後推，左掌緩緩左移到頭後，變掌臥腕下塌在地上，右掌貼身伸直。（圖 7-3-66 至圖 7-3-68）

圖 7-3-66

圖 7-3-67

圖 7-3-68

34.臥佛翻身

左腳回撤,兩腿併攏,身體斜躺,左臂支撐,然後身體下撲,嘴找掌背,再往上翻。(圖 7-3-69 至圖 7-3-71)

圖 7-3-69

圖 7-3-70

圖 7-3-71

35.元寶抱掌

身體慢立，左腿背步前叉；雙臂抱圓；目視右腳。（圖 7-3-72）

36.單手抱球

右步前跨，左步跟上並右腿，兩臂胸前交叉，右臂往右墜肘沉掌，掌心朝內，左掌後襯，掌心朝上。（圖 7-3-73）

圖 7-3-72

37.反掌推山

步不動，兩掌同時翻滾，右掌前推，左掌後塌。（圖 7-3-74）

圖 7-3-73

圖 7-3-74

38.雙手合十

兩手慢慢收至胸前合攏，身體慢慢立直，掌心相合，
然後往外翻轉至掌心朝上，右上左下，沉氣砸至丹田。
（圖 7-3-75、圖 7-3-76）

圖 7-3-75

圖 7-3-76

39.收　勢

砸氣歸元。（圖 7-3-77）

圖 7-3-77

後　記

八極拳珍傳

　　本人雖然自幼喜愛武術，又拜在八極拳名家鮑有聲老師門下習練八極拳，無論寒冬酷暑，每天堅持鍛鍊，不敢懈怠，但真正悟得八極拳精髓相距甚遠，特別是和鮑老師的功夫、功力相較，只能說學到十之二、三。尤其和當今的著名八極拳師及高徒們的精湛武藝相比，更是自愧不如，因此，從未有著書立說之妄想。

　　很長時間以來，武術界的朋友都勸我把鮑老師留下的東西整理出書，特別是吳彬、昌滄、王有唐老師等人更是不厭其煩，頻頻勸我丟棄個人想法，多為武術做貢獻，並積極為我出書進行策劃、四處聯繫，他們的支持和鼓勵使我深受感動，備感充實。同時對為本書作序和題詞的李夢華、徐才、張耀庭、張文廣、馬賢達、吳彬、霍文學以及師叔張壽先表示衷心的感謝，對編輯部的張建林主任、師弟趙友及張鵬舉、張利等人的支持和幫助表示感謝。

　　由於本人學歷不高，寫作文筆較差，尤其是對八極拳學藝不精，對其功理、技藝沒有全面的理解和掌握，在編輯和出版中難免出現漏洞和差錯，在此衷心敬請武術界同仁及同門老師、師兄弟等提出寶貴意見，以便更好地提高和改進。

導引養生功 系列叢書

- ◎ 1. 疏筋壯骨功
- ◎ 2. 導引保健功
- ◎ 3. 頤身九段錦
- ◎ 4. 九九還童功
- ◎ 5. 舒心平血功
- ◎ 6. 益氣養肺功
- ◎ 7. 養生太極扇
- ◎ 8. 養生太極棒
- ◎ 9. 導引養生形體詩韻
- ◎ 10. 四十九式經絡動功

張廣德養生著作

每冊定價 350 元

全系列為彩色圖解附教學光碟

彩色圖解太極武術

1 太極功夫扇　　220元

2 武當太極劍四十九式　　220元

3 楊式太極劍五十六式　　220元

4 楊式太極刀　　220元

5 二十四式太極拳+VCD　　350元

6 三十二式太極劍+VCD　　350元

7 四十二式太極劍+VCD　　350元

8 四十二式太極拳+VCD　　350元

9 楊式十六式太極拳劍+VCD　　350元

10 楊氏二十八式太極拳+VCD　　350元

11 楊式太極拳四十式+VCD　　350元

12 陳式太極拳五十六式+VCD　　350元

13 吳式太極拳四十五式+VCD　　350元

14 精簡陳式太極拳八式十六式　　220元

15 精簡吳式太極拳三十六式　拳架·推手　　220元

16 夕陽美功夫扇　　220元

17 綜合四十八式太極拳+VCD　　350元

18 三十二式太極拳　四段　　220元

19 楊氏三十七式太極拳+VCD　　350元

20 楊氏五十一式太極劍+VCD　　350元

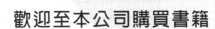

歡迎至本公司購買書籍

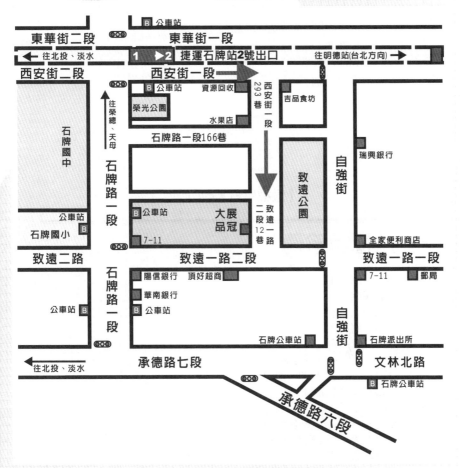

建議路線

1.搭乘捷運‧公車

　　淡水線石牌站下車，由石牌捷運站２號出口出站(出站後靠右邊)，沿著捷運高架往台北方向走(往明德站方向)，其街名為西安街，約走100公尺(勿超過紅綠燈)，由西安街一段293巷進來(巷口有一公車站牌，站名為自強街口)，本公司位於致遠公園對面。搭公車者請於石牌站(石牌派出所)下車，走進自強街，遇致遠路口左轉，右手邊第一條巷子即為本社位置。

2.自行開車或騎車

　　由承德路接石牌路，看到陽信銀行右轉，此條即為致遠一路二段，在遇到自強街(紅綠燈)前的巷子(致遠公園)左轉，即可看到本公司招牌。

國家圖書館出版品預行編目資料

八極拳珍傳／王世泉 著
－初版－臺北市，大展，2006【民 95】
面；21 公分－（中華傳統武術；9）
ISBN 978-957-468-473-1（平裝）

1. 拳術─中國

528.97   95010008

八極拳珍傳

著　　者／王　世　泉
責任編輯／張　建　林
發 行 人／蔡　森　明
出 版 者／大展出版社有限公司
社　　址／台北市北投區（石牌）致遠一路 2 段 12 巷 1 號
電　　話／(02) 28236031・28236033・28233123
傳　　真／(02) 28272069
郵政劃撥／01669551
網　　址／www.dah-jaan.com.tw
E-mail／service@dah-jaan.com.tw
登 記 證／局版臺業字第 2171 號
承 印 者／傳興印刷有限公司
裝　　訂／丞安裝訂有限公司
排 版 者／弘益電腦排版有限公司
授 權 者／北京人民體育出版社
初版 1 刷／2006 年（民 95 年）8 月
初版 2 刷／2014 年（民 103 年）2 月   定價／330 元

大展好書　好書大展
品嘗好書　冠群可期

大展好書　好書大展

品嘗好書·　冠群可期